Peter Dabrock
Renate Augstein
Cornelia Helfferich
Stefanie Schardien
Uwe Sielert



# Unverschämt – schön

## Sexualethik: evangelisch und lebensnah

Gütersloher Verlagshaus

Bibliografische Information der Deutschen Nationalbibliothek

Die Deutsche Nationalbibliothek verzeichnet diese Publikation in der Deutschen Nationalbibliografie; detaillierte bibliografische Daten sind im Internet über https://portal.dnb.de abrufbar.

FSC
www.fsc.org
MIX
Papier aus verantwortungsvollen Quellen
FSC® C005833

Verlagsgruppe Random House FSC® N001967.
Das für dieses Buch verwendete FSC®-zertifizierte Papier *Munken Premium Cream* liefert Arctic Paper Munkedals AB, Schweden.

1. Auflage


Umschlagmotiv: © Sprint/Corbis
Druck und Einband: Těšínská tiskárna, a.s., Český Těšín
Printed in Czech Republic
ISBN 978-3-579-08222-6

www.gtvh.de

GÜTERSLOHER
VERLAGSHAUS

# Inhalt

# 1. Warum ein ethischer Blick auf die Sexualität aus heutiger evangelischer Sicht?

Als die Evangelische Kirche in Deutschland 1971 (!) ihre letzte Denkschrift zum Thema veröffentlichte, war der Blick auf die menschliche Sexualität vornehmlich durch den Bezug zur Ehe geprägt. Heute dagegen kommt eine erweiterte Sicht zur Darstellung. So wenig wie die Ehe in der Sexualität aufgehen kann, so wenig ist Sexualität allein auf die Ehe zu fokussieren. Daher werden die Themen und Aspekte, die sich aus evangelischer Sicht auf Fragen der Sexualethik beziehen, sichtbar und deutlich erweitert. Vor diesem Hintergrund haben die evangelische Theologie und die evangelische Kirche die Aufgabe und die Chance, ihre spezifischen Perspektiven zum Verständnis von Sexualität in unserer pluralen Gesellschaft im Horizont einer evangelisch zu verantwortenden Sexualethik einzubringen. Sofern dies mit Empathie und ohne erhobenen Zeigefinger geschieht, besteht die berechtigte Aussicht, ernst genommen und gehört zu werden.

Lange Zeit war das freilich nicht der Fall. Seit der sogenannten »sexuellen Revolution« wurde beiden großen Kirchen in Deutschland aufgrund ihrer vermeintlich leibfeindlichen Traditionen hinsichtlich des Umgangs mit Sexualität kaum Prägewirkung zugebilligt. Die Notwendigkeit, sich mit den leibfeindlichen Tendenzen in der eigenen Tradition auseinanderzusetzen und zu fragen, wie ein konstruktiver und orientierender Beitrag zur Sexualität aussehen kann, wird nicht zuletzt durch die aktuellen gesellschaftlichen Umgangsweisen mit Sexualität beschleunigt. Angesichts der Allgegenwart von

Sexualität im öffentlichen Raum – sei es in der Werbung, in den Medien oder im Internet – und einer damit verbundenen »Hypersexualisierung« aller Lebensbereiche wird verstärkt das Bedürfnis laut, Sexualität jenseits aller »Leistungsvorgaben« im intimen Schutzraum der Liebe leben zu können. Dass wir Menschen mehr sind als die Summe unserer sexuellen Fähigkeiten, ja dass Sex nicht alles im Leben ist, sondern in unsere eigene Persönlichkeitsentwicklung und unsere zwischenmenschlichen Beziehungen eingebettet sein will, rückt wieder in den Blick. Gerade die evangelische Kirche und Theologie können in der öffentlichen Diskussion über Sexualität, besonders vor dem Hintergrund der Ambivalenzen und Brüche in den eigenen Umgangsweisen mit Sexualität, zu Anwältinnen eines Verständnisses von Sexualität werden, das Körper, Seele und Geist miteinander verbindet und in den Horizont der Liebe stellt.

Der erste Schritt dazu besteht darin, Sexualität grundsätzlich als etwas zutiefst Menschliches zur Sprache zu bringen. Alles vorschnelle Moralisieren verbietet sich hier. Viele der Phänomene, die im folgenden Text beschrieben werden, sind ja keineswegs neu. Neu ist für die evangelische Kirche und Theologie dagegen, sie bewusst hinsichtlich ihrer Bedeutung für unser (Zusammen-)Leben wahrzunehmen und zu gewichten. Es geht also darum, auf dem hoch aufgeladenen Gebiet der Sexualität mit ihren vielen Varianten sprachfähig zu sein. Wenn das gelingt, besteht die Aussicht, dass theologische Reflexion und – hoffentlich auch – kirchliches Reden hinsichtlich der Sexualität als wegweisend und hilfreich erlebt werden.

Verstehen wir Sexualität – trotz aller möglichen Ambivalenzen und mitunter Gefährdungen – als Gabe Gottes, dann ist sie in seinem Schöpferhandeln verankert und für uns Menschen etwas elementar Positives. Dem biblischen Verständnis ist darum in weiten Teilen Körperfeindlichkeit fremd. Der Durchgang durch die Bibel zeigt, dass in ihr Sexualität zwar häufig in einem uns fremd gewordenen patriarchalischen Zusammenhang erwähnt wird, dass – gemäß der im Weiteren skizzierten Verstehenslehre – in den biblischen Schriften aber doch ein Verständnis vom Menschen grundgelegt ist, das auf die Gleichwertigkeit im Geschlechterverhältnis und eine wirkliche personale Gemeinschaft zweier Menschen hinausläuft. Eine so geprägte Beziehung, die auch den Aspekt der gegenseitigen Attraktivität und des Aufeinander-bezogen-Seins umfasst, steht unter Gottes Verheißung. Sexualität ist darum nicht nur ein integraler Bestandteil des menschlichen Lebens in allen Phasen und Situationen, sondern jeweils Ausdruck der eigenen Entwicklung: Jeder Mensch steht vor der Aufgabe, mit Sexualität in einem umfassenden Sinn umzugehen und für sich die Aspekte von Identität, Beziehung, Lust und Fruchtbarkeit aufeinander zu beziehen, um so sein Leben verantwortlich zu führen.

Dabei wird man ohne Umschweife konstatieren müssen, dass sich seit Jahrzehnten verschiedene Formen des Zusammenlebens entwickelt haben, die von ihrer Ausrichtung her über bislang geltende Normen und Konventionen hinausgehen. Angefangen mit den modernen Methoden der Empfängnisverhütung und der damit einhergehenden Entkopplung von Lustempfinden und Fruchtbarkeit, über die gesellschaftliche Akzeptanz von Scheidungen und Beziehungsabbrüchen hin zu neuen Formen des Zusammenlebens wie Patchworkfamilien und gleichgeschlechtlichen Partnerschaften, zeichnen sich zahlreiche Veränderungsdynamiken im gesellschaftlichen Umgang mit Sexualität ab. Gleichwohl bleibt festzuhalten: Sexualität, will sie verantwortlich gelebt werden, bedarf der Bildung und Gestaltung. Sie ist nicht nur Gabe, sondern auch Gestaltungsaufgabe. Als solche kann und muss sie kultiviert werden. Wie schmal dabei der Grat zwischen Kultur und Barbarei, zwischen Begierde und Vereinnahmung gerade im Bereich der Sexualität ist, zeigen bis in die Gegenwart hinein Phänomene sexualisierter Gewalt und sexuellen Missbrauchs, die sich vor allem gegen Frauen und Kinder richten.

Dass es in der Frage, welchen Beitrag eine evangelisch verantwortete Sexualerziehung und -bildung zu leisten imstande sei, um Orientierung für die eigene Person wie für das partnerschaftliche Zusammenleben geht, ist unbestritten. Die hier entwickelte Position votiert dafür, stärker und konsequenter als bisher in vielen theologischen Beiträgen, kirchlichen Verlautbarungen und einzelnen Handlungsfeldern Sexualität als eine Dimension zu berücksichtigen, die uns Menschen bestimmt, leibliche Vollzüge ermöglicht und eine zum Guten wie zum Schlechten verstärkende Funktion in allen möglichen Lebensvollzügen besitzt. Es geht nicht zuletzt um die Wahrnehmung der Dimension des Lustvollen in der Sexualität, für die wir eine angemessene Sprache finden müssen und die so von früheren Tabuisierungen befreit wird. Das Ziel der Ausführungen ist es, in den heutzutage ausdifferenzierten gesellschaftlichen Verhältnissen und Lebensweisen evangelische Impulse zu setzen, die menschliche Sexualität als von Gott geschenkt und als menschlichen Gestaltungsraum beschreiben.

Der Zugang zur Sexualität aus evangelischer Perspektive ist also grundsätzlich »sexualfreundlich«. Das hat unmittelbare Auswirkungen: Sexualfreundliche Erziehungs- und Bildungsbemühungen seitens der evangelischen Theologie und Kirche werden zur Verantwortung gegenüber sich selbst und zur Verantwortung für das jeweilige Gegenüber im Licht der Liebe Gottes anleiten und dazu beitragen, dass wir unsere Liebesfähigkeit in einem umfassenden Sinn entwickeln. Gerade christliches Leben, das von der befreienden Kraft des Evangeliums bewegt ist, kann sich angstfrei der Aufgabe (wie der Notwendigkeit) sexueller Erziehung und Bildung mit dem Ziel der Persönlichkeitsbildung und Lebensführungskompetenz stellen.

Die folgenden Erwägungen zeigen, wie wichtig es ist, dabei Einsichten der unterschiedlichen gegenwärtigen Humanwissenschaften (Medizin, Psychologie, Pädagogik und Soziologie) einzubeziehen. Mit ihnen konstruktiv-kritisch umzugehen, sie also in ihrer Bedeutung wahrzunehmen, aber ihrerseits auch zu befragen, steht evangelischer Theologie und sicher auch der evangelischen Kirche gut an. Dieser Umgang wird hier durch eine Verzahnung von theologischen und außertheologischen Erkenntnissen und Wissensbeständen zur Geltung gebracht.

Unser Text ist dabei folgendermaßen aufgebaut: Im folgenden Kapitel zwei erfolgt die theologisch-ethische Grundlegung für eine evangelische Sexualethik. Die Grundlegung setzt erstrangig bei den theologischen Erkenntnis- und Wissensbeständen an, wie sie sich unter Berücksichtigung hermeneutischer Grundsätze von der Bibel her ergeben, um diese dann mit außertheologischem Wissen zu vermitteln. Im Anschluss daran werden, auf der zuvor entwickelten theologisch-ethischen Grundlegung basierend, die für eine Sexualethik heute relevanten außertheologischen Wissensbestände entfaltet. Aus dieser Zusammenschau ergibt sich anschließend die diese Orientierungshilfe leitende theologisch-ethische Kriteriologie.

Das dritte Kapitel bezieht die entwickelte Kriteriologie auf die Vielfalt menschlicher Lebensführungen. Dabei eröffnet die Unterscheidung von Sexualität und Liebe Möglichkeiten, sowohl die Eigenständigkeit als auch die Zusammengehörigkeit beider Phänomene in gleicher Weise zu berücksichtigen. Die Spannung der Einheit von Sexualität und Liebe wird anhand von Lebensphasen, Lebenssituationen sowie Lebensidentitäten nachgezeichnet. Ebenso werden fragwürdige und destruktive Formen von Sexualität beschrieben.

Das vierte Kapitel führt über die Praxis zurück zur Ausgangsfrage. Es stellt exemplarische Handlungsfelder der Kirche vor, in denen sich eine evangelische Sexualethik zu bewähren hat bzw. bewähren kann. In Kapitel fünf wird diese Hilfe zu einer ethischen Orientierung durch eine Zusammenstellung ausgewählter Literaturhinweise zu den einzelnen Kapiteln abgerundet.

Die mit diesem Text vorliegende evangelische Orientierung zu den schönen, zu den problematischen wie auch zu den destruktiven Seiten von Sexualität stellt in verschiedener Hinsicht eine Besonderheit in der theologischen Landschaft dar: Zum einen greift sie auf die Expertise von Wissenschaftlerinnen und Wissenschaftlern unterschiedlicher Disziplinen zurück. Auf die Erfahrungen und Kenntnisse aus den Forschungsfeldern zu hören und voneinander zu lernen, hat zur Breite des behandelten Spektrums sexueller Fragestellungen geführt und die Umsicht in der Suche nach Antworten sehr geprägt. Allen, die durch Mitdenken, Austausch und die Ermöglichung der notwendigen Begegnungen zu diesem Entstehungsprozess beigetragen haben, sei herzlich für die konstruktive Zusammenarbeit gedankt. Besonderer Dank gilt den Wissenschaftlichen Mitarbeitenden Dr. Jens Ried und Matthias Braun vom Erlanger Lehrstuhl für

Systematische Theologie II (Ethik), die durch ihr konstruktiv-kritisches Feedback die Entstehung des Buches sehr unterstützt haben. Dankenswerterweise haben Hannah Schickl, Johanna Jäckl, Constanze Lörner und Johanna Schell den Text gründlich Korrektur gelesen. Schließlich gilt unser herzlicher Dank Herrn Diedrich Steen vom Gütersloher Verlagshaus, der das Projekt interessiert begleitet, den vorliegenden Band in das Verlagsprogramm aufgenommen und verlegerisch bewährt betreut hat.

Zum anderen entspricht der Text bewusst nicht den formalen Anforderungen einer rein akademisch-wissenschaftlichen Abhandlung, insofern er sein Zielpublikum vor allem in der evangelisch interessierten Öffentlichkeit sieht und darum allgemein verständlich informieren und orientieren will. Dass auf Fußnoten und umfängliche Exkurse verzichtet wird, heißt umgekehrt nicht, dass den Ausführungen keine redliche Recherchearbeit zugrunde läge. Nach den jeweiligen Fachperspektiven geordnet finden sich im Literaturverzeichnis am Ende des Buches einige ausgewählte Studien, die es den Leserinnen und Lesern über die vorliegende Darstellung hinaus ermöglichen, eigenständig weitere wissenschaftliche Zugänge zum Lebensphänomen »Sexualität« zu erschließen.

Das Team der Autorinnen und Autoren hofft darauf, mit den vorliegenden Überlegungen Fragen zur Sexualität aufzugreifen, die das individuelle Leben, aber auch kirchliche und diakonische Institutionen bewegen. Wichtig erschien besonders, die Breite der Thematik darzustellen und thematische Verengungen – etwa auf Homosexualität –, wie sie vor allem in bestimmten evangelischen Kreisen zu finden sind, aufzubrechen. Damit darf zu Recht der Eindruck entstehen, dass viele sexuelle Fragen ein gründlicheres Nachdenken verlangen, anstatt sie rasch in moralisierende Schubladen zu stecken. Denn entgegen vorschnellen und herkömmlichen Be- und Verurteilungen ist festzuhalten: Schönes, Verschämtes, Unverschämtes und unverschämt Schönes ist in vielen Dimensionen der Sexualität zu finden.

# 2. Was sagt evangelische Theologie im Gespräch mit anderen Wissenschaften?

## 2.1 Warum sich heute noch an der Bibel orientieren?

Sexualität zu leben, gehört zu den intensivsten menschlichen Erfahrungen. Im sexuellen Erleben kann sich die Liebe zu einem anderen Menschen feiern. Leibliches Dasein erfährt einen wunderbaren Höhepunkt in der Hingabe an das Gegenüber. Ein beachtlicher Teil der kulturellen Aktivität der Menschheit in Musik, bildender Kunst und Literatur ist von der Dynamik von Lust und Liebe sowie von deren Licht- und Schattenseiten geprägt. Die überwältigende Lust sexuellen Lebens birgt auch Kräfte in sich, die ein in aller Ekstase verwirrendes und destruktives Konfliktpotenzial für den Einzelnen, seine Beziehungen und die Gesellschaft bereithalten.

Wer sich über die unterschiedlichen Ausdrucksformen von Sexualität und die damit verbundenen Potenziale und Konflikte ein reflektiertes Urteil bilden will, benötigt Orientierung, konkreter: Wissen darüber, *woran* und *wie* man sich orientieren kann. Eine evangelische Ethik, die sich im Auftrag vor Gott und den Menschen gerufen sieht, verantwortliche Urteilsbildung zu begleiten, orientiert sich an der Bibel, an den Bekenntnistraditionen und nicht zuletzt auch an den Erkenntnissen anderer Wissenschaften. Als besondere Herausforderung erweist sich dabei die Frage nach dem »Wie« der Orientierung in dem Mit- und Ineinander der drei genannten Orientierungsperspektiven: Weisen sie doch nicht stets denselben Weg, wenn nicht gar auf den ersten Blick in ganz entgegengesetzte Richtungen.

Nicht einmal je für sich genommen geben die Heilige Schrift, Bekenntnistraditionen oder die wissenschaftlichen Erkenntnisse eine vollkommen eindeutige Orientierung. Die **Bibel** präsentiert sich eben auch als Polyphonie. Bisweilen ist es schwer, das Gemeinsame unterschiedlicher Glaubenszeugnisse zu entdecken. Die sich seit der Reformation entwickelnden Formen des evangelischen Glaubens lassen oft Verschiedenheit in ethischen Konflikten zu. Erst recht kommen konkurrierende Wissenschaften immer wieder zu widersprüchlichen Ergebnissen. Diese wechselseitige Infragestellung innerhalb und zwischen den Kriterien lässt sich im Sinne einer evangelischen Hermeneutik – der Lehre vom Verstehen und Auslegen – nicht nur als Problem bedauern, sondern vor allem konstruktiv nutzen. Denn gerade dieses Miteinander und Gegeneinander erinnert daran, dass die Texte, seien es die der Bibel, die der protestantischen Traditionen oder die der Wissenschaften, weder isoliert entstanden sind noch so verstanden werden können. Vielmehr entspringen und erklingen die Texte in dem weiten Raum der jeweiligen Lebenswelt und Zeit, in der Fülle der jeweils herrschenden Menschenbilder, der Künste, der prägenden theologischen und anderen Theoriedesigns. Aus diesem Grund kann sich die Orientierung nur dort einstellen, wo man die einzelnen Texte der Bibel nicht künstlich aus dem vielfältigen Bedeutungsgeflecht herausbricht, sondern in ihm zu begreifen versucht. Welche biblischen Texte dabei besonders tragen, soll sich – nach der schönen und prägenden Formulierung Martin Luthers – daran erweisen, »**ob sie Christum treiben**«. Es ist eben nicht alles gleichermaßen bedeutsam in dieser Bibliothek der Bezeugung Gottes. Ohne deshalb den überlieferten Kanon infrage stellen zu müssen, ist es nach evangelischem Verständnis legitim, einzelne biblische Geschichten, Erzählungen, Weisheiten und Gebote zu gewichten und daran zu messen, wie sie den Glauben an die Verheißung erschließen, dass Gott die Welt in Christus mit sich versöhnt und mit ihm dem vertrauenden Menschen seine befreiende Nähe zugesagt hat. Dieser Trost, diese frohe Botschaft und diese Verheißung, in allem bei uns zu sein und zu bleiben, bilden den Grund, warum die Bibel von Christinnen und Christen als Heilige Schrift geglaubt wird. In der Klammer dieses Evangeliums von der Treue Gottes sind nach evangelischem Verständnis die zahlreichen alt- und neutestamentlichen Forderungen und Ermahnungen zu hören, dieser Treue im eigenen Tun zu entsprechen: Im Laufe des über tausendjährigen biblischen Überlieferungsprozesses kommt es zu sehr unterschiedlichen Lebens- und Verhaltensformen und -forderungen. Nach christlichem Verständnis müssen diese sich daran messen lassen, ob und wie sie im Leben in Partnerschaft, Ehe, Familie, Gemeinschaften und der Gesellschaft die Liebe Gottes zu Israel und in Christus zur Welt widerspiegeln. Bei dem immer wieder neu anzusetzenden Versuch, Lebensorientierung aus der Bibel zu finden, wird nach der hier vertretenen verantwortlichen theologischen Urteilsbildung **die Verheißung von der Treue Gottes** die Grundlage bilden, auf der die Identität als Christinnen und Christen und als Kirche aufruht. Um dieses biblisch bezeugten Glaubensfundamentes willen sind die Weisungen und Ermahnungen ernst zu nehmen. Zugleich darf ihre **(Zeit-)Gebundenheit** und die ihrer jeweiligen Leser nicht übersehen werden. Ohne eine kritische Prüfung, wie weit sie dem Zuspruch, »ob sie Christum treiben«, dienen, droht das Evangelium verdunkelt zu werden. Um dieser Prüfung willen bedienen sich Kirche und Theologie der Einsichten der historischen Kritik, aber auch des Wissens anderer Wissenschaften wie Psychologie oder Soziologie. Diese wissenschaftlichen Erkenntnisse ersetzen oder relativieren für die Kirche und die Gläubigen nicht die Wahrheit des Evangeliums, helfen aber, die schwierige Differenzierung zwischen dem bleibend Wichtigen und den zeitgebundenen Elementen nach bestem Wissen vornehmen zu können. Dass diese **Mischung zwischen Gottes- und Menschenwort** nicht etwas dem Glauben Äußerliches darstellt, sondern in ihm selbst immer wieder konstruktiv bearbeitet werden darf und soll, ergibt sich schon daraus, dass sich Gott selbst auf den Menschen in seiner Zeitlichkeit eingelassen hat. Deshalb bewegen wir uns – emphatisch gesprochen – dann in der Spur Gottes, wenn wir versuchen, in den menschlichen Zeugnissen der Heiligen Schrift nach dem zu suchen, wie wir seiner Treue »nicht nur in Wort und Zunge, sondern in Tat und Wahrheit« (1 Joh 3,18) entsprechen können.

Gerade die Bibel droht in sexualethischen Fragen schnell einseitig vereinnahmt zu werden. Die irritierend wirkende **Pluralität ihrer Bilder und Aussagen** zu Lebensformen und Sexualität kann dazu verleiten, nur einzelne isoliert herauszugreifen und kontextlos als gültig zu erklären. Leicht wird die Bibel so zur Projektionsfläche für eigene Vorstellungen und damit als Moralbuch missbraucht. Vor dem Hintergrund dieser Gefahr stellt sich im Wunsch nach Orientierung in sexualethischen Themen die Frage umso dringlicher, in welcher Weise die Bibel gelesen und in die Urteilsbildung einbezogen werden soll. Als norma normans (d. h. als normierende Norm) kommt ihr aus der Sicht des evangelischen Glaubens schließlich eine zentrale Rolle zu, insofern sich in, mit und unter ihren menschlichen Worten Gottes Wort vermittelt. Allerdings kann auch diese normierende Norm, so viel ist vorwegzunehmen, nur unter der methodischen Anwendung einer historischen Kritik und einer theologischen Hermeneutik gelesen werden, die das **biblische Gesamtzeugnis und seine wesentlichen, Christusgemäßen Aussagen** im Blick hat. Dabei ist wichtig, zwischen der z. T. drastischen Darstellung gelebter Sexualität und der biblischen Kritik daran, wie sie z. B. die Propheten des Alten Testaments äußern, zu unterscheiden. Herauszufiltern sind die positiven Aspekte, die schon in dieser Kritik zumindest indirekt zum Zuge kommen, die sich aber auch unabhängig davon finden. Ein solcher Zugang zur Bibel wendet sich gegen drei andere Lesarten: Er widerspricht, erstens, all jenen Versuchen, mit einzelnen biblischen Zitaten die eigenen Thesen zu untermauern. Nicht nur hat sich noch immer – allzumal in der reichen Bibliothek der Heiligen Schrift – für nahezu jedes Zitat ein Gegenzitat finden lassen; die argumentative Auswahl von z. B. strengen Verbotsworten gegenüber bestimmten sexuellen Praktiken lässt kritisch hinterfragen, warum dann andere gleichermaßen eindeutige Vorschriften, etwa zur Sklavenhaltung, zur Kindeszucht oder Reinheit, keinerlei Beachtung finden. Zudem verdeutlichen schon innerbiblische Veränderungsdynamiken: Das Ringen darum, der Treue Gottes zu entsprechen, hat einen **Gestaltungsraum**, der offensichtlich auch von den jeweiligen Zeitumständen mitbestimmt ist. Ein solcher Zugang zur Bibel wendet sich, zweitens, aber auch gegen (manch kulturprotestantisch geprägte) Lesarten, die die biblischen Texte derart domestiziert haben, dass sie sich von ihnen weder inspirieren lassen noch deren **Sperrigkeit als Provokation oder Kritik** annehmen. Gegenüber solch eilfertigem Beiseiteschieben biblischer Botschaften gilt es, eigene Selbstverständlichkeiten zu hinterfragen. Nicht zuletzt, und damit drittens, fordert ein solches Schriftverständnis jene Zugriffe heraus, die das heutige Leben unmittelbar in die biblisch bezeugte Geschichte Gottes eingetragen sehen wollen. Zum einen setzen sie damit eine Eindeutigkeit der biblischen Lebenswelt voraus, die es nicht gegeben hat; zum anderen begeben sie sich oft in einen **Widerspruch zur eigenen Lebenspraxis**, die sich in einer plural ausdifferenzierten, modernen und eben nicht mehr biblischen Gesellschaft vollzieht – was man zwar kritisieren, schlechterdings aber nicht leugnen kann.

Der vermeintliche Sprung von der Schrift in die Gegenwart gelingt nämlich weder mit Verweis auf die Evidenz einzelner biblischer Gebote noch mit Verweis auf die hermeneutisch abgesicherten Glaubenskriterien unmittelbar. Ohne eine wachsende Sensibilität für die Bedeutung von Eros und Sexualität einschließlich ihrer Ambivalenzen und Pathologien, ohne die in der romantischen Liebe kumulierenden Passionsimaginationen, ohne die gegenwärtigen Reziprozitätserwartungen der bürgerlichen Ehe, aber auch ohne die Errungenschaften und mühsamen Folgen der sexuellen Revolution mit der vor allem durch die Pille »verlässlich« gewordenen Entkopplung von Sex und Reproduktion, schließlich ohne das dies alles normativ rahmende Menschenrechts- und Menschenwürdeethos wären heutige konstruktive Entdeckungsreisen in biblische Welten, bspw. in die erotische Metaphorik des Hohen Lieds, gar nicht möglich. Diese kulturprotestantische Ehrlichkeit, nur über diese Brücken in die biblische Welt eintauchen und Schätze in ihr heben zu können, sollte auch eine schriftorientierte evangelische Ethik aufbringen. Und mit dieser Ehrlichkeit sollte sie dann auch die damit gegebene Chance nicht verpassen, angesichts der gegenwärtigen Herausforderungen im Verständnis von und im Umgang mit der Leibdimension Sexualität die **Entlastungs- und damit Freiheitsdimension von Institutionen und Lebensformen** wie der Ehe zu bewerben. Nicht mit erhobenem moralischen Zeigefinger wird man Menschen überzeugen, dass Ehe und erlebte Sexualität kein Gegensatz sind, sondern nur, wenn man auf die mögliche Faszination der Gabe und Gestaltungsaufgabe von zunehmender Vertrautheit – auch im leiblichen Miteinander – hinweist.

Nicht nur in den auf diese Weise entlastenden partnerschaftlichen Lebensformen, sondern auch auf ihre beständige Kultivierung zu, bewegt sich deshalb ein lebensformsensibler evangelisch-theologischer Ansatz einer verantworteten Sexualität. Nach evangelischem Verständnis verbleibt eine solche Gestaltung aber immer im Versuchsmodus, sprich: von Ambivalenzen durchkreuzt. Luther hat im Großen Katechismus hellsichtig eingestanden, dass auch das Vertrauen auf das Evangelium den Gläubigen in seiner Lebenspraxis sich nicht in Sicherheit wiegen lässt. Vielmehr habe er – wie er drastisch formuliert – den alten Adam täglich neu zu ersäufen. Für eine evangelische Sexualethik, die sich nicht mehr leibfeindlich, sondern sexualitätsfreundlich positioniert, weil sie Sexualität als grundlegende Dimension menschlichen Seins versteht, heißt dies auch: das bedrohliche, sich zu häufig in Gewalt entladende Potenzial von Sexualität nicht naiv zu unterschätzen, ihre Ambivalenzen nüchtern zu sehen, das Spiel, sie als Pseudoreligion aufzubauschen, nicht mitzuspielen, sondern die Freude an gelebter Sexualität auch immer mit einer realistischen Einordnung in ein komplexes Lebens- und Liebesnetz zu verbinden. So geerdet betrachtet kann eine evangelische Ethik keinen beliebigen, sondern einen **vernünftigen, biblisch orientierten und menschengerechten Pluralismus im Verständnis von Sexualität** befördern.

Wenn man diese Sensibilität für die Geschichtlichkeit und zugleich bleibende Gültigkeit der Bibel für das Leben von Christinnen und Christen und das der Kirche im Blick hat, dann ist es nicht nur redlich, sondern es lohnt sich auch, zunächst auf Fremdes und Sperriges hinzuweisen und doch auch beachtlich über die zweifellos vorhandene Zeitgebundenheit Hinausweisendes zu entdecken und festzuhalten.

## 2.2 Wie lassen sich biblische Aussagen zur Sexualität heute verstehen?

### 2.2.1 Sperriges

Fangen wir damit an, einige sicher sperrig wirkende Verständnisformen und Praktiken im Bereich der Sexualität, wie sie die Bibel kennt, in Erinnerung zu rufen. Als erstes gilt es zu berücksichtigen, dass in weiten Teilen der langen biblischen Überlieferungsgeschichte Sexualität nicht als ein eigenständiges Thema, gar von religiöser Bedeutung, behandelt wird. Es ist in dem Sinne eher randständig, dass Sexualität in vielen biblischen Büchern nicht unmittelbar im Zusammenhang mit der für die Bibel zentralen Gottesbeziehung thematisiert wird. Wenn Sexualität angesprochen wird, dann geschieht dies oft eher indirekt in der Behandlung von anderen Lebensfragen, bei denen Sexualität mittelbar Bedeutung gewinnt. So wird sie meistens im Zusammenhang mit der **Sicherung der Nachkommenschaft** der Familie, der Sippe, der Stämme, des Volkes oder des Königtums angesprochen. Wo einzelne sexuelle Praktiken wie Prostitution oder ihre Vermischung mit Macht oder Gewalt als gottwidrig kritisiert werden, geschieht dies oft im Zusammenhang mit der Kritik anderer verwerflicher Verhaltensweisen. Damit wird in der Bibel **keiner allgemeinen Lustfeindlichkeit** das Wort geredet. Zurückgewiesen wird vielmehr eine sich durch unterschiedliche Lebensbereiche durchziehende gott- und menschenfeindliche Einstellung.

Was uns heute als reproduktive Dimension der Sexualität gilt, wird durchgängig mit starken patriarchalen und z. T. auch mit Gewalt besetzten Verhaltensweisen in den Vordergrund vieler biblischer Berichte über Sexualität gestellt. Das Verständnis von Fortpflanzung ist nämlich eingebunden in ein weitgehend nicht infrage gestelltes, **vormodernes Gesellschafts- und Geschlechterverhältnis**. Zwar finden sich, wie die sozialgeschichtliche Exegese zeigen konnte, vor allem im Urchristentum einige beachtliche Ausnahmeerscheinungen zu diesem patriarchalen Gesellschafts- und Geschlechterverständnis. Aber insgesamt wird weitgehend weder von einer Gleichheit noch einer Gleichstellung der Geschlechter ausgegangen. Im Patriarchat herrscht meistens der Mann über die Frau, der landbesitzende Mann hat darüber hinaus eine für unsere heutigen Verhältnisse erschreckende Verfügungsmacht über die Großfamilie, zu der auch Knechte, Mägde wie Sklavinnen und Sklaven gehören. Das gilt bis hin zur Verfügung über den Körper der Mitglieder seiner Sippe. Beim Herrscher oder König ist sexuelle Potenz z. T. in blumiger Übertreibung (man denke an den riesigen Harem Salomos [1. Kön 11,3]), z. T. in erschreckender Brutalität (man denke an David, Abschalom, Simson) Ausdruck der Machtfülle. Die Verfasser der biblischen Texte beschreiben diesen Umgang mit Sexualität nicht gleichgültig, sondern sie üben deutliche Kritik: Davids Erfolgsgeschichte bspw. gerät aus den Fugen, als er mit Batseba deren Ehe bricht. Er wird danach zum Mörder an ihrem Mann. Gott, so wird erklärt, »missfiel die Tat, die David getan hat« (2. Sam 11,27). Zur Strafe stirbt das bei diesem Ehebruch gezeugte Kind, und David bittet um Vergebung und Barmherzigkeit (vgl. 2. Sam 12 und Psalm 51). Bei den Erzvätern wird Sexualität auch mit Freude und Lust verbunden, aber doch vorrangig im vormodernen Kontext als Familie sichernde Praxis verstanden. Bei ihnen und in Teilen der Gesetzessammlungen des Alten Testaments ist die Vielehe eine Selbstverständlichkeit. Für die gesamte Bibel gilt: Die **Ehe gibt es weder im Sinne des heutigen Rechtsinstituts noch als Ausdruck romanti-**

**scher Liebe** – was nicht ausschließt, dass die Bibel eindrückliche Geschichten herzlicher Liebe zu erzählen weiß. Kämpft doch Jakob sieben Jahre für seine Rahel – und das zeigt den Unterschied zur heutigen Zeit –, um danach mit ihr und ihrer Schwester Lea eine Großfamilie zu gründen, bei der zwei weitere Frauen Kinder von ihm bekommen. Selbst wenn man an die Historizität dieser Geschichten Rückfragen stellen mag, weil die Geschichte der Erzväter vor allem dem Zwecke dient, die Gründung Israels auszuschmücken, bleibt als Befund ein deutlicher Unterschied zu heutigen Vorstellungen des Rechtsinstitutes Ehe und zu neuzeitlichen Erwartungen an das Liebesideal einer monogamen Ehe. Ehebruch, der u. a. im Dekalog verboten wird (Ex 20,14; Dtn 5,18), wird entsprechend nicht primär moralisch verstanden und verurteilt, weil er Liebe und Treue untergräbt, sondern weil er ein **besitzrechtliches Vergehen am Eigentum eines anderen Ehemannes oder Vaters** darstellt. Deshalb begeht in diesem Verständnis eine verheiratete Frau immer einen Ehebruch, wenn sie mit einem anderen Mann schläft. Sofern männliche Sexualität dagegen nicht die Besitzansprüche anderer Männer gefährdet, wird sie lange Zeit nicht auf monogame gegengeschlechtliche Partnerschaft fixiert. Sexualverkehr eines verheirateten Mannes mit einer Prostituierten oder mit einer unverheirateten Frau gilt daher nicht als Ehebruch. Auch wenn man um diese fremd anmutenden historischen Entstehungsbedingungen weiß, weist das Ehebruchsgebot über sich hinaus, was unten noch näher zu erläutern ist.

Und doch gehören Sexualdelikte im Alten Testament nicht einfach in das Sachenrecht. In alten Rechtssammlungen werden sie z. T. mit Todesstrafe belegt, wobei unklar bleibt, ob und inwieweit diese Strafe wirklich praktiziert wurde. Diese behauptete Schärfe zeigt an, dass Sexualität sehr wohl in besonderer Weise zu **Gottes Herrschaftsbereich** gerechnet wird. Ihre verlockende und bisweilen angsteinflößende Kraft (vgl. Gen 39; Ri 16,4; Sir 25,24) kann Folgen zeitigen, bei denen es im wahrsten Sinn um Leben und Tod geht (vgl. die Reaktion Josefs auf die Verführungsversuche der Frau des Potifar, Gen 39,7ff.).

Allerdings ist zu beachten, dass wegen fehlender Verhütungsmöglichkeiten der Eigensinn von Lust und Sinnlichkeit gegenüber der Fortpflanzung gar nicht so wie heute in den Blick kommen kann. Reproduktion wie Familien- und Stammeszugehörigkeiten waren vielfach Fragen des nackten Überlebens. Einerseits wird deshalb die enge **Bindung von Sexualität und emotionaler Liebe noch nicht als so zentral gesehen** wie heute. Andererseits gefährdet – schon aufgrund der mangelnden Verhütungsmöglichkeiten – jedes sexuelle Eindringen in fremde Familienstrukturen die damalige Form der **sozialen Grundsicherung** und muss schon diesseits heutiger moralischer Bedenken als besonders verwerflich angesehen werden. Dieser historische Umstand rechtfertigt nicht die biblisch oft dargestellte patriarchale Unterdrückungspraxis gegenüber Frauen und die dabei z. T. rigiden Sexualnormen – insbesondere für die Frauen –, verdeutlicht aber wiederum unseren Abstand zu der damaligen gesellschaftlichen Praxis.

Die z. T. nach »Sex and Crime« klingenden Geschichten aus der Vor- und Frühzeit Israels mit nach heutigen Maßstäben als Straftaten einzuordnenden Handlungen wie Exhibitionismus, Vergewaltigung, Vielweiberei, aber auch die göttliche Verurteilung der Selbstbefriedigung (Gen 38,9) erklären sich nicht primär aus personalethischen oder strafrechtlichen Normen, sondern als Verletzung des Gebotes, der Generativität des Familienverbandes, Stammes oder Volkes zu dienen. **Sexuelle**

**Gewalt stellt insofern immer auch einen Ausdruck sozialer Konfliktlagen**, bspw. zwischen Stämmen in Israel oder mit Nachbarvölkern, dar.

Das Verständnis wie die Praxis der Prostitution damals erklären sich – aus heutiger Sicht z. T. irritierend – am besten, wenn auch sicher nicht ausschließlich, vor diesem Hintergrund. Nur so ist verständlich, warum es ein Verbot gibt, die »Tochter zur Hurerei« anzuhalten, was als Verurteilung der Prostitution gelesen werden kann. Der Grund für dieses Verbot ist die Wahrung der Ehre der Familie. Dass dieser »Wert« nicht verallgemeinert und die Prostitution nicht gleich in Gänze verurteilt wird, zeigen Hinweise, die darauf schließen lassen, dass sie lange Zeit gängige Praxis gewesen sein muss (vgl. Gen 38; Jos 2; Ri 16; Jes 23,13-18). Andererseits gibt die scharfe Verurteilung der Kultprostitution in den prophetischen und Gebotstexten des Alten Testaments einen deutlichen Hinweis, dass insbesondere im Zusammenhang mit dem Gottesdienst die Prostitution und damit, wenn auch nicht die Freier, so doch die Prostituierten, trotz ihrer Verbreitung verachtet waren.

Wenn die sozialgeschichtliche Exegese darauf aufmerksam gemacht hat, dass in der Umwelt des Neuen Testaments **Prostitution ein Massen- und vor allem Unterschichtsphänomen** gewesen ist, deutet dies einerseits auf sexuelle Freizügigkeit weiter Bevölkerungsgruppen in der römisch-hellenistischen Welt hin; andererseits erklärt sich die Bereitschaft zur Prostitution aus dem Elend großer Bevölkerungsteile, die ihren Körper zum Erwerb der nötigsten Lebensgrundlagen verkaufen mussten. Paulus verurteilt außereheliche Sexualität mehrfach als »porneia«, als Unzucht (1. Kor 6,12-20; 7,2; Eph 5,3). Damit steht Paulus einerseits in der Tradition des Alten Testaments (vgl. neben dem knappen Dekaloggebot Ex 20,14 die ausführlichen Verurteilungen in Lev 18 und 20 sowie Ez 23,21-49) und liegt andererseits auch auf einer Linie mit der Einschätzung des zeitgenössischen Judentums. Paulus tut dies allerdings explizit nicht, weil er im Sinne einer vorrangigen Option für die Schwachen einen besonderen Blick für die Ausbeutung von Prostituierten – die es im Übrigen beiderlei Geschlechts gab – gehabt hätte. Vielmehr ging es ihm um die **Reinheit des Leibes**, der durch die Sünde der Hurerei befleckt würde. Dabei begreift er die Reinheit nicht als ein individualethisches oder von Heilsegoismus getriebenes Motiv, sondern bezieht sie auf die Gemeinschaft der Gläubigen. Der Leib des Einzelnen wird von Paulus als Teil des Leib Christi, also der Kirche, gesehen. Und diesen Leib gilt es von Befleckung möglichst rein zu halten.

Im Zusammenhang eines feudalen und patriarchalen Lebensmusters erscheinen in der Bibel manche Sexualpraktiken als erlaubt, die wir heute aus guten theologischen Gründen, die noch zur Sprache kommen, ablehnen. Umgekehrt ist es auch nicht verwunderlich, dass es in der Bibel scharfe Ablehnungen von Lebensformen, verstanden als »Ensembles« sozialer Praktiken, und konkreten Sexualpraktiken gibt, die vielen heute als geradezu selbstverständlich erscheinen. Das gilt vor allem für homosexuelle Praktiken. Die vielfach und hochkontrovers debattierten Stellen im Alten Testament (in Lev 18,22 und 20,13), die Homosexualität mit Todesstrafe belegen, verstehen sich primär aus der bereits genannten Norm, die familiale und gesellschaftliche Ordnung zu wahren und dabei vor allem dem Zweck der Fortpflanzung zu dienen. Offensichtlich konnte – jedenfalls zur damaligen Zeit – Homosexualität diesem Zweck nicht dienen. Dass Homosexualität eine Lebensform sein kann, stellt weder im Alten noch im Neuen Testament eine vorstellbare Lebensperspektive dar. Die aus Griechenland bekannte Knabenliebe war zwar im Neuen Testament bekannt, aber sie wird nicht als Lebensform gesehen, sondern als ein – hoch problematisches – Durchgangsstadium im Erziehungswesen, dem Abhängige, egal ob homo- oder heterosexuell, missbräuchlich unterworfen werden. In diesem Sinne verurteilen Paulus und die paulinische Schule homosexuelle Praktiken scharf als eine (wenn auch nicht die einzige) Praktik einer gottwidrigen Haltung (vgl. Röm 1,26f., 1. Kor 6,9f., und 1. Tim 1,10). Es ist deshalb nur redlich festzuhalten, dass **homosexuelle Praktiken in der Bibel weitestgehend abgelehnt** werden, wie eben anderes erlaubt ist und vollkommen unkritisch beschrieben wird, was wir heute auf breiter Front kritisch sehen oder verurteilen.

### 2.2.2 Erstaunliches

Bei der historischen Aufarbeitung der Fülle biblischer Aussagen zu Lebensformen und Sexualitätspraktiken ist aber auch festzuhalten, dass sich viele Elemente finden, die einem heutigen **partnerschaftlichen und mehrdimensionalen Verständnis von Sexualität** entsprechen – so schon am Anfang der biblischen Bibliothek. Der zweiten, älteren Schöpfungserzählung zufolge erschafft Gott zwei Menschen füreinander, die sich wechselseitig ergänzen und stützen, denn: Es ist nicht gut, dass der Mensch allein sei (Gen 2,18). Das empfindet offenbar nach diesem Schöpfungsbericht auch der Mensch selbst gleich so. Adam jubelt, als er Eva an seine Seite gestellt bekommt (Gen 2,23). Dieser Jubel setzt sich vor allem in der »herrlichsten Sammlung Liebeslieder, die Gott erschaffen hat« (J. W. Goethe), im Hohen Lied der Liebe, fort. Hier werden Liebe und Lust ohne direkten Bezug zur Reproduktion gefeiert. Man hört es auch am Brunnen zwischen Isaak und Rebekka oder zwischen Jakob und Rahel förmlich knistern. Und das Deuteronomium ermöglicht es dem jung Verheirateten für ein Jahr vom Kriegsdienst befreit zu werden, »dass er fröhlich sei mit seiner Frau« (Dtn 24,5). Schon in alttestamentlichen Prophetenbüchern (Hos, Jer, Jes, Ez) wird das Verhältnis Gottes zu Israel in teils eindeutig sexuell aufgeladenen Bildern umschrieben. Die Ehe wird hier wirklich im Sinne der von Achtung und Liebe geprägten Einehe – allerdings mit einem klaren Hierarchiegefälle zwischen Mann und Frau – und nicht nur als ein »weltlich Ding« verstanden. Sie kann beispielhaft den Blick für die Gottesbeziehung öffnen. Und die Sexualität kann als beglückende, in Gottes Schöpfungswillen begründete Gabe erlebt und gedeutet werden, die in einer verantwortungsvollen und auf Dauer angelegten Liebes- und Lebensgemeinschaft wie der Ehe ihren angemessenen Raum hat. Dies kann man schließen, wenn man Jesu Antwort auf die Frage nach der Ehescheidung betrachtet. Er beruft sich auf die Schöpfungserzählung, der zufolge die Besonderheit einer solchen Partnerschaft weniger in rechtlichen Regelungen als in der intimsten Gemeinschaft liegt: »Darum wird ein Mann seinen Vater und seine Mutter verlassen und seiner Frau anhangen, und sie werden sein ein Fleisch.« (Gen 2,24). Der Ehebruch beginnt für Jesus allerdings nicht erst bei dieser »Einheit des Fleisches«, sondern bereits mit dem sexuellen Begehren eines oder einer Dritten. In der Bergpredigt nennt Jesus dies den Ehebruch »im Herzen« (Mt 5,27ff.). Die sich an diese Stelle anschließenden Ratschläge, den begehrenden Blick mit Selbstverstümmlung zu therapieren, dürfen schwerlich wortwörtlich verstanden werden, sondern problematisieren in radikaler Sprache das destruktive Potenzial, das auch im Phänomen der Lust steckt. Es mag als Widerspruch erscheinen, dass Jesus in seinen Urteilen über Sexualität und Ehe scharfe Worte findet und gleichzeitig, wie bspw. im Umgang mit der Ehebrecherin (Joh 8,3ff.), die Anwendung von Sanktionen in diesen Fällen ablehnt. Der Widerspruch löst sich dort auf, wo man erkennt, dass es Jesus in beiden Fällen um einen liebevollen Umgang geht: **Die Hochschätzung der Ehe als verantwortliche Liebes- und Lebensgemeinschaft und die Ablehnung des Ehebruchs lassen sich vereinbaren mit Barmherzigkeit, Versöhnungsbereitschaft und Vergebung für Menschen, die daran gescheitert sind.** Eine Steinigung hingegen, wie sie das Gesetz für die Ehebrecherin vorgesehen hatte, würde den lieblosen Umgang zwischen den Menschen wiederum fortführen. Überhaupt, und das ist der andere erstaunliche Strang der Jesus-Tradition: Übereinstimmend berichten die Evangelien von einer Offenheit Jesu, sich der Gemeinschaft mit solchen Menschen nicht nur nicht zu verweigern, sondern sie geradezu zu suchen, die nach seinerzeit etablierten Geschlechts- und Reinheitsvorstellungen diese Nähe nicht verdient hätten. Sich mit Prostituierten und Ehebrecherinnen und diversen anderen Ausgestoßenen sehen zu lassen, schien für Jesus ein Symbol für die unendliche Weite und Größe des mit ihm anbrechenden Gottesreichs. Aus dieser jesuanischen Praxis eine Erlaubnis für allerlei Lebensformen und Sexualpraktiken abzuleiten, wäre wohl verfehlt. Aber sein Verhalten zeigt: Auch wenn Jesus die Umkehr zu einer der guten Botschaft entsprechenden Lebensweise erwartet, ist das Entscheidende an seiner Reich-Gottes-Botschaft der gegenüber einem religiös aufgeladenen Normenkodex größere **Gemeinschaftswille Gottes**.

Zu diesem Gemeinschaftswillen gehört nach urchristlichem Verständnis das Bestreben, das alltägliche Leben, und damit auch das eheliche und familiäre Miteinander, unter Christi Herrschaft zu stellen. »Unzucht« soll dort keinen Raum mehr haben, wo man sich zu Christus bekennt (1. Thess 4,3ff.). Die Schärfe und Beharrlichkeit, mit der die urchristlichen Schreiber den Verzicht darauf als ethisches Kriterium des Christseins einfordern, deuten darauf hin, dass »unzüchtige« Praktiken in der römisch-hellenistischen Umwelt durchaus bekannt waren. Diesen Versuchungen musste man das christliche Ideal eines geheiligten Lebens gegenüberstellen (Apg 15,20.29 und 21,25). Paulus wird wohl auch angesichts dieser konkreten Gefährdung der ersten Christinnen und Christen sehr praktisch und konkret in seinen Hinweisen, wie sie Unzucht vermeiden können. Besonders argumentiert er mit der Bedeutung eines wechselseitigen und partnerschaftlichen Miteinanders in der Ehe (1. Kor 7,2ff.). Geradezu anrührend und lebensgesättigt wirken die anschließenden Ratschläge, dass zu lange sexuelle Abstinenz dem Einzelnen und der Partnerschaft, aber auch dem spirituellen Leben Schaden zufügt. **Das ganze Leben und damit eben auch die Sexualität soll und kann der Beziehung zu Christus entsprechen.**

Der Epheserbrief entfaltet diesen Gedanken in Eph 5,25ff.: So wie das Miteinander in der Beziehung Christi zur christlichen Gemeinde kann und soll sich auch das Miteinander von Mann und Frau in der Ehe gestalten. Die Beziehungen entsprechen einander auf unterschiedlichen Ebenen: Sie werden als von Gott gegeben und in Gott gegründet geglaubt. Sie stehen unter Gottes Weisung und Schutz. Sie werden von Gottes Treue geleitet und begleitet. In beiden Beziehungen geht es um »Einswerdung« und Identitätsformung – quasi religiös feierlich wird das Verhältnis von Mann und Frau als »großes Geheimnis« gewürdigt (Eph 5,32). Wenn Paulus selbst die **Ehelosigkeit und sexuelle Enthaltsamkeit** bevorzugt, dann oktroyiert er diese Einstellung weder Eheleuten noch denen auf, die Freude an

Sexualität haben. Er selbst lebt diese Haltung freiwillig aus seiner tiefgreifenden Erwartung der Wiederkunft Christi, sieht sie aber nicht als notwendig für andere an.

Im Laufe der Kirchengeschichte gewinnt aber in der Tat sehr früh eine mit dem Neuplatonismus verbundene, **leibfeindliche Haltung** Oberhand im Christentum. Dessen äußerst kritische Sicht des Leibes als Gefängnis der Seele hat zur Trennung zwischen Körper und Seele mit der Unterordnung der leiblichen Dimension des Lebens unter die von Geist und Spiritualität geführt. Diese Vorstellung hat in der Kirchengeschichte über lange Zeit das Thema Sexualität einseitig negativ geprägt. Sexualität wurde meistens in den Bereich der Sünde gedrängt. Die Deutungen sexueller Lust hatten nicht selten frauenfeindliche Züge – sei es, dass die Frau zunächst als sinnlich und damit als Verführerin beschrieben wurde, sei es, dass später die unsinnliche Frau idealisiert und so ihre Sexualität unterdrückt wurde. Bekanntermaßen führte diese Einstellung in einzelnen, z. T. langen Episoden der Christentumsgeschichte zu schlimmen und blutigen Exzessen. Wer als evangelischer Christ in der Bibel das maßgebliche Zeugnis seines Glaubens sieht, sollte kritisch vor Augen haben, dass der Blick zurück in die Bibel diese breite kirchengeschichtliche Tradition nicht einfach abblenden kann.

Gegen diese lange, eigene Geschichte ist daran zu erinnern: Vor allem das Alte Testament kennt die Trennung zwischen Körper und Geist gar nicht. Was uns in unseren gängigen Bibelübersetzungen als Seele begegnet, meint ja ursprünglich und zugleich die Kehle und den Rachen und assoziiert dann, wenn man um die damit verbundenen Konnotationen der hebräischen Sprache weiß, auch einen Ausdruck des Begehrens. So viel Körperlichkeit – an der Schwelle zum Lustvollen – steckt also im biblischen Verständnis der Seele, die doch Gott loben darf. Eine solche Betonung von Sexualität als Grunddimension menschlichen Lebens könnte einen nicht nur zum Staunen bringen, sondern Anlass für manche Phantasie und Grund zur Dankbarkeit sein. Leider hält sich jedoch diese anregende Sicht auf den Menschen nicht durch: Zwar gibt es bei Paulus schon eine stärkere Differenzierung zwischen geistlich gedachter Seele und sich von Gott entfernendem Fleisch, aber der Leib hält doch den Menschen zusammen. Der Mensch als ganzer »ist« Leib. Von daher kann man nicht per se von einer Leibfeindlichkeit und damit einer generellen Sexualitätsfeindlichkeit bei Paulus sprechen. Schon eher lässt sich in den im Neuen Testament noch bezeugten Schülergenerationen des Paulus, hier vor allem in den Pastoralbriefen, eine **Vereinseitigung im bei Paulus noch integrativ gedachten Verhältnis von Seele und Körper** beobachten und öffnet die Tore für die genannten leibfeindlichen Deutungen im Bereich der folgenden Christentumsgeschichte.

### 2.2.3 Perspektivreiches

Die sperrigen, die verstörenden wie die erstaunlichen biblischen Bezugnahmen auf Sexualität, das zeigt dieser kurze Überblick, können nicht ohne Weiteres das letzte Wort bei der heutigen theologischen Beurteilung von Sexualität haben. Will man daher Gottes Wort in, mit und unter den menschlichen Worten der biblischen Schriften ausmachen, dann sollte man das Menschlich-Allzumenschliche, das dort auch zur Sexualität und zur Gestaltung geschlechtlichen Lebens zum Ausdruck kommt, als Versuch einer vertrauensvollen Antwort auf die Treue Gottes lesen. Diese wird im Exodus, in den Bundesschlüssen, im Kommen Jesu Christi, aber auch in dem immer neuen Angebot Gottes, zu ihm umkehren zu dürfen, offenbar. Eine so gesamtbiblisch bezeugte Zuwendung und Treue Gottes zu den Menschen eröffnet einen Möglichkeitsraum für menschliches Antworten. Sie trägt die menschliche Treue, nicht umgekehrt. Theologisch gesprochen: Gebote und Gesetz sind vom Evangelium umschlossen. D. h. nicht, dass es für die Kirche und die Gläubigen keine Normen oder Weisungen in der Bibel zu entdecken gäbe. Aber das Hören auf die Gebote sollte in Entsprechung zu Gottes Zuwendung zu den Menschen geprägt sein (Phil 2), konsequent und treu und in dieser Treue geduldig mit anderen und sich selbst Liebe zu üben und die Offenheit zu beherzigen, immer einen neuen Anfang im Miteinander zu ermöglichen. Ein solcher Ansatz eines Liebesethos stellt keine romantische oder naive Verweichlichung vermeintlich ewig gültiger Sexualgebote dar. Sie folgt vielmehr einer – an der Lektüre der Paulusbriefe gewonnenen – sinnvollen und keineswegs willkürlichen Auslegungspraxis. Sie setzt nicht bei einzelnen biblischen Geboten und Weisungen an, sondern an dem geglaubten Zuspruch, das Geschenk der Gotteskindschaft zur Prägekraft des eigenen Lebens und des Lebens miteinander werden zu lassen. »Wenn wir im Geist leben, so lasst uns auch im Geist wandeln« (Gal 5,25). Wenn diese Zusage Kraft im eigenen Leben gewinnt, dann – so Paulus in einer bemerkenswerten Passage im Galaterbrief – **können weltimmanente Kategorien wie Geschlechtlichkeit, Volkszugehörigkeit oder sozialer Status das Selbstverständnis der Gläubigen vor Gott und so im Umgang miteinander nicht hinreichend bestimmen (Gal 3,28)**. Es ist stattdessen das sich bei den Evangelisten und bei Paulus findende Liebesethos, das schlussendlich – bei aller in den neutestamentlichen Schriften ebenfalls zu konstatierenden Zeitbedingtheit vieler Einzelvorschriften und Ermahnungen – das Leben der Christen miteinander, ja sogar mit ihren Gegnern, prägen soll. Nur wer nicht weiß und es noch nicht versucht hat, wie schwer so etwas umzusetzen ist, wird behaupten, dass die folgenden Ausdrucksformen dieses »seid untereinander gesinnt, wie es auch der Gemeinschaft in Christus Jesus entspricht« (Phil 2,5) ein verweichlichtes Ethos darstellen: **»Liebe, Freude, Friede, Geduld, Freundlichkeit, Güte, Treue, Sanftmut, Keuschheit«** (Gal 5,23; wobei »Keuschheit« hier nicht einfach sexuelle Keuschheit meint, sondern eine Haltung, die sich von allem, was man begehrt, nicht gefangen nehmen lässt).

Mit einem solchen Schlüssel, dem Glauben an die immer schon vorausgehende Treue und Zuwendung Gottes, die sich durch die lebensweltlich doch immer wieder erfahrbare Abwendung von ihm und den Nächsten wie Fernsten durchtragen, kann man an die gerade skizzierte Fülle biblischer Botschaften im Bereich Sexualität herangehen. Dabei ist bemerkenswert, dass dieser Schlüssel der biblischen Botschaft selbst entnommen ist: Sie interpretiert sich selbst. Dieser Schlüssel eröffnet Perspektiven, für sich und andere nach lebensdienlichen Gestaltungsmöglichkeiten geschlechtlichen Lebens zu suchen. Eine solche Perspektive ermöglicht die Berücksichtigung außertheologischer Wissensbestände, ohne dabei die Verbindlichkeit, die sich aus diesem biblisch durchweg bezeugten Liebesethos ergibt, leugnen zu müssen. Aus biblischer Sicht steht die Eröffnung von Spielräumen des Lebens an erster Stelle, begrenzende Weisungen und klare Grenzziehungen folgen erst an zweiter Stelle. Dennoch stellen in diesem Gefälle beide Perspektiven ein wechselseitiges Interaktionsgeflecht dar, welches nicht nur kontextuell gebunden ist, sondern eben auch immer wieder neu austariert werden will.

Die **evangelischen Bekenntnistraditionen**, die bezeugen wollen, dass das Evangelium vom treuen Gott, der die Welt in Jesus Christus versöhnt hat und allen, die im (endlichen) Vertrauen auf ihn leben, seine unendliche Treue offen hält, bekräftigen den skizzierten Schlüssel zum Verständnis der Bibel. Immer wieder haben die evangelischen Kirchen darauf hingewiesen, dass **nur in wenigen Fragen der Lebensführung ein status confessionis** eintritt, dass es vielmehr darum geht, den Zuspruch Gottes über unserem endlichen Leben lebendig zu bezeugen.

Diesem Ansatz folgt auch das **evangelische Verständnis von »Selbstbestimmung«** – ein Begriff, der in heutigen ethischen Diskussionen und auch mit Blick auf die menschliche Sexualität häufig als zentrales Kriterium eingeführt wird. Aus evangelischer Sicht lässt sich die Forderung nach Selbstbestimmung im Allgemeinen und nach sexueller Selbstbestimmung im Besonderen unterstützen, allerdings nicht im Sinne einer liberalen Vorstellung von radikaler Autonomie und Souveränität. Vielmehr verlangt ein evangelischer Zugang zur Sexualethik, den Begriff »Selbstbestimmung« stets **beziehungsorientiert und inklusionssensibel** zu begreifen: Der Mensch kann nicht unabhängig leben, sondern bleibt bezogen auf den und die anderen. Beziehungen prägen das menschliche Leben und Erleben von Kindheit an bis ins Alter. Vermittelte Grundeinstellungen zum eigenen Leib, der Umgang mit Lust und Liebe, verinnerlichte Konventionen etc., aber auch die jeweils aktuelle Bezogenheit auf andere Menschen prägen das Leben und damit folglich auch das Entscheiden. (Sich) Selbst zu bestimmen bedeutet darum, aus der Fülle der eigenen Erfahrungen im menschlichen Beziehungsgeflecht heraus Entscheidungen, auch im Bereich des Sexuellen, zu treffen. Aus evangelischer Sicht ist es außerdem wichtig, anstelle eines rein rational ausgerichteten Verständnisses von Selbstbestimmung die Fähigkeit dazu all jenen Menschen nicht implizit oder explizit abzusprechen, die z. B. aufgrund geistiger Behinderung oder Demenz ein üblicherweise mit Selbstbestimmung assoziiertes kognitives Level nicht (mehr) erreichen. Die Forderung nach Inklusionssensibilität wehrt einer solchen Ausgrenzung, indem auch emotionale oder narrative Äußerungen oder leibliche Ausdrucksgesten als Möglichkeit zur Selbstbestimmung ernst genommen werden. Wenn im Folgenden die sexualethischen Überlegungen den Selbstbestimmungsbegriff nutzen und unterstreichen, dann ausschließlich in dem hier dargestellten beziehungsorientierten und inklusionssensiblen Sinn.

In der hermeneutischen Trias von Schrift, Bekenntnistraditionen und **anderen Wissensbeständen** kommt letzteren die Aufgabe zu, die Frage danach zu stellen, wie sich die (traditionell mit den Kirchen verbundenen) moralischen Orientierungen und die faktischen Lebensverhältnisse wechselseitig kritisch prüfen können. Zum Standard psychoanalytischen und evolutionsbiologischen Wissens gehört bspw. die Einsicht, dass der Mensch auch ein Trieb- und Lustwesen ist. Versteht man diese Triebe und Lüste folglich als Bestandteile der guten Schöpfung Gottes und nicht als deren »Fehlkonstruktion«, dann kann bspw. eine kirchengeschichtlich hoch einflussreiche Weisung wie die Aussage aus Mt 5,28 – »Ich aber sage euch: Wer eine Frau ansieht, sie zu begehren, der hat schon mit ihr die Ehe gebrochen in seinem Herzen.« – nicht einfach wortwörtlich verstanden werden. Vor dem Hintergrund der im Übrigen noch näher zu skizzierenden anthropologischen Erkenntnisse, dass der Mensch ein grundlegend begehrendes Wesen ist und dass sich leibliche Vollzüge von und in solcher Begierde entfalten können (vgl. Kap. 2.3.2), verschiebt sich die tendenziell leibfeindliche Perspektive, mit der Mt 5,28 in weiten Teilen der Kirchengeschichte gelesen wurde. Der Fokus liegt dann nicht mehr primär auf der Vermeidung von Begierde, sondern richtet den Blick auf die Frage, wie eine Kriteriologie für einen verantwortlichen Umgang mit einem solchen Begehren entwickelt werden kann.

All das zeigt: Die verschiedenen **Menschenbilder, die andere Wissenschaften in den christlichen Diskurs über das Verständnis von Sexualität eintragen, bleiben dabei nie abstrakt.** Immer rühren sie auch an das eigene Selbstverständnis als Christ und Mitchrist, als Mensch, als leibliches Wesen. Über Sexualität lässt sich, so wird daran deutlich, nie in einer reinen Distanzperspektive sprechen, sondern stets beziehen die Diskussionen das Selbst mit ein und – »tua res agitur – es geht um dich!« – verhandeln die eigene Sache. Die eigene Sache ist eben die, von Gottes unendlichem Zuspruch leben zu dürfen, aber genau deshalb um die eigenen Grenzen ehrlicherweise zu wissen und auch die der anderen nicht unbarmherzig zu leugnen.

## 2.3 Was sagen verschiedene Wissenschaften?

### 2.3.1 Anthropologische Perspektiven

In der Sexualanthropologie wird der Mensch als ein bio-psycho-soziales Wesen beschrieben. Insofern ist auch die Sexualität eines jeden Menschen von **körperlichen Voraussetzungen, sozialen Umwelterfahrungen** und der je **individuellen psychischen Verarbeitung** sowie **bewussten Entscheidungen** beeinflusst. Der Leib als kreatürliche Basis der sexuellen Entwicklung, des Erlebens von Lust und Lebensenergie ist von Anfang an beseelt und in seiner Entwicklung auf soziale Rückmeldung der Anerkennung und Anregung angewiesen, um ins Gesamt der Persönlichkeit integriert zu werden. Die sozialen Einflüsse wiederum sind in unserer Gesellschaft je nach Lebenswelt sehr verschieden und verändern sich im Laufe der gesellschaftlichen Entwicklung.

In der Sexualwissenschaft ist von »dem Sexuellen« die Rede, wenn biologische Prozesse des Begehrens gemeint sind, von »der Sexualität« als gesellschaftlich und normativ Gewordenem und den je individuellen »Sexualitäten«, wenn die biographisch bedingte sexuelle Identität einzelner Menschen im Fokus steht. Der Ausdruck sexueller Orientierungen, sexueller Energie und sexuellen Erlebens, die im Sozialisationsprozess erworbenen und bewusst gewählten Einstellungen sowie das Verhalten sind bei jedem Menschen eng mit seinen biologischen Anlagen und der Bewältigung seiner unmittelbaren und mittelbaren Umwelt verbunden. Sexualität basiert – vergleichbar mit Intellektualität, Emotionalität und Sozialität – auf körperlich variierenden Vorgaben, die es jedem einzelnen Menschen ermöglichen, sein sexuelles Verhalten und Erleben in Interaktion mit einer mehr oder weniger anregenden Lernumgebung zu kultivieren. Sexualität wird insofern als zunächst **ungerichtete Energie und neues Leben spendende Quelle** verstanden, die sich vielfältig ausdrückt, angefangen von der sozialen Beheimatung über Zärtlichkeit und Erotik bis hin zum ekstatischen Erleben. Sie dient als Quelle der Lebenslust, Möglichkeit der Fortpflanzung, als Kommunikationsmedium und Beziehung stiftende Kraft. Insgesamt gilt Sexualität anthropologisch als ein wichtiges Medium, das Menschen von Anbeginn ermöglicht, sich als Gattungswesen in einer sich stets verändernden Umwelt fortzupflanzen, sich als ein leiblich verfasstes Individuum zu verstehen und mit sich und anderen in Beziehung zu treten. Solche sich verändernden Umwelten umfassen dann auch unterschiedliche Umgangsweisen mit Sexualität, abhängig von biographischen, biologischen und sozialen Veränderungen.

### 2.3.2 Sexualsoziologische Perspektiven

Das Verhältnis zu sowie der Umgang mit Sexualität war in den letzten vier Jahrzehnten massiven individuellen wie gesellschaftlichen Veränderungen unterzogen. Vor dem Hintergrund empirischer Studien und theoretischer Analysen lassen sich diese Verschiebungen mit den Begriffen zunehmender Selbstbestimmung (1), Liberalisierung (2), Pluralisierung (3) sowie Entinstitutionalisierung (4) beschreiben. Diese Veränderungen betreffen dabei sowohl die Sexualmoral als auch das Sexualverhalten.

Die auch im Bereich der Sexualität zunehmende **Selbstbestimmung** orientiert sich am Menschenrecht auf freie Entfaltung der Persönlichkeit, das sich besonders entfaltet, wenn es beziehungsorientiert und inklusionssensibel umgesetzt wird. Es garantiert schon Kindern und Jugendlichen – auf dem Weg zu diesem anspruchsvollen Ziel – das Recht auf eine ungestörte sexuelle Entwicklung, vor allem die Freiheit von sexueller Fremdbestimmung. Die gewachsene Selbstbestimmung konnte sich im Kontext einer fortschreitenden **Liberalisierung** der Sexualmoral und einer zunehmend sozio-ökonomisch ermöglichten Gleichberechtigung von Frauen und Männern durchsetzen. Der Kampf um Anerkennung individueller Lebensformen und darin einbezogen auch die Auseinandersetzung mit den

Gestaltungslinien sexueller Freiheiten ist wie alle individuellen und gesellschaftlichen Aushandlungsprozesse u. a. eingebettet in gewichtige Veränderungen im Arbeitsleben (z. B. qualifizierte Erwerbstätigkeit auch von Frauen), im medizinischen und technologischen Sektor (z. B. Empfängnisverhütung und Reproduktionsmedizin) sowie beeinflusst durch politische Basisbewegungen und damit einhergehende rechtliche Reformen (z. B. das Allgemeine Gleichstellungsgesetz).

Die Berufung auf die rechtlichen Grundlagen, ein gewachsenes Bewusstsein für Freiheit und Verantwortung sowie die Möglichkeit, ein solches Bewusstsein für die eigene Freiheit und Verantwortung auch aktiv ausleben zu können, zogen folglich eine zunehmende **Pluralisierung** der Entscheidungen über den auch sexuell persönlichen Lebensstil nach sich. Die sehr verschiedenen Lebenswelten und zu bewältigenden Alltagsaufgaben hatten eine deutliche Diversifizierung sexueller Einstellungen, konkreter Verhaltensweisen und familiärer Lebensweisen zur Folge. Die ohnehin vorhandene Pluralisierung in der deutschen Mehrheitsgesellschaft wird durch Einwanderungsbewegungen mit verschiedenen religiösen Grundeinstellungen noch einmal zusätzlich herausgefordert. Statusorientierte bürgerliche Milieus treffen auf sozial entwurzelte oder auch hedonistisch-subkulturelle und multikulturelle Performer-Milieus. Auch in weltanschaulicher Hinsicht unterscheiden sich religiös entwurzelte Milieus von fundamentalistischen Glaubensgemeinschaften, religiös-spirituell orientierte Gruppierungen von konfessionell spezifischen Kulturen sowie kirchentreuen Christen. Diese mit unterschiedlichen materiellen, sozialen, kulturellen sowie symbolischen Besonderheiten ausgestatteten Lebenswelten repräsentieren auch sehr unterschiedliche Vorstellungen, was unter gelingender Sexualität verstanden wird.

So variantenreich die entsprechenden sexuellen Lebensweisen auch sein mögen, von der sexuellen Abstinenz über ehelich gebundene Sexualität bis zu einem intensiven Sexualleben in wechselnden Partnerschaften, immer mehr Menschen berufen sich dabei auf ihre eigene Entscheidung und orientieren ihr Verhalten nicht selbstverständlich an vorgegebenen institutionellen oder moralischen Mustern. Diese mit dem Begriff der **Entinstitutionalisierung** bezeichneten Prozesse führen nicht grundsätzlich zu mehr Selbstbezug und Beliebigkeit oder gar Orientierungslosigkeit, sondern zu neuen, sich habitualisierenden Mustern, die mit einer mehrheitlich gelebten Verhandlungsmoral und damit einhergehender Sensibilität gegenüber sexuellen Übergriffen und sexueller Gewalt verbunden sind. Letzteres hat auch zur Aufdeckung sexueller Missbrauchsverhältnisse in kirchlichen Kontexten beigetragen.

Dass neue und flexible Institutionalisierungen und Verhaltensmuster gewählt werden, lässt sich deutlich an der Pluralisierung der Familienformen ablesen. Wenn auch die weitaus meisten Kinder noch in Familien mit Vater und Mutter aufwachsen und sich die Ehe weiterhin als Institution großer Beliebtheit erfreut, hat die Vielfalt möglicher Lebensformen faktisch zugenommen. Singlehaushalte existieren neben Einelternfamilien, unverheiratete Paare mit Kindern neben Patchworkfamilien mit neu zusammengesetzten Eltern-Kind-Konstellationen und gleichgeschlechtliche Partnerschaften mit und ohne Kinder neben den traditionellen Kernfamilien.

In-Beziehung-Sein, Verlässlichkeit und die sich wechselseitig befruchtende Entwicklung in Partnerschaften haben für die meisten Menschen einen hohen Wert und werden von fast allen sehnlichst gewünscht. Gleichzeitig sind die Ansprüche an die Qualität der Partnerschaften auch in sexueller Hinsicht gestiegen. Die meisten Menschen arbeiten an einem gelingenden Beziehungsleben und wünschen sich gleichzeitig ein erfülltes Sexualleben. Sexualsoziologinnen und -soziologen sprechen in diesem Zusammenhang von der zunehmenden Ausdifferenzierung eines eigenen Sexualitätssystems gegenüber dem Fruchtbarkeits- und Intimitätssystem. Sexuelle Erfüllung, Beziehungsleben und Kindererziehung entwickeln eine je spezifische Eigengesetzlichkeit, die von jeder einzelnen Person integriert werden muss.

### 2.3.3 Psychologische Perspektiven

In der Sexualpsychologie spiegeln sich die beschriebenen gesellschaftlichen Prozesse in einer veränderten Konzeption des sexuellen Verlangens. Als Konsequenz der Sexualverbote einer Verzichtmoral, des sexuellen Mangels und der strengen Reglementierung der Befriedigung galt der »Trieb« als leitende Metapher für das Verständnis von Sexualität im 19. und bis weit in das 20. Jahrhundert hinein. Er galt als impulshafte Kraft, die jederzeit Macht über den Menschen erlangen kann, immer ausbruchsbereit, prinzipiell asozial, aber auch voller subversiver Potenz. Heute wird Sexualität im Alltag der meisten Menschen weniger dramatisch als Ressource für Lust-, Erlebnis- und Intimitätssuche mit sehr vielfältigen Facetten und Ausdrucksformen erlebt. In der Sexualwissenschaft wird dieses Erleben als **Abschied vom Triebmodell** bezeichnet, hin zu einem **Ressourcenmodell**, bei dem Sexualität als Potenzial gesehen wird, mit dem sehr Unterschiedliches empfangen und gegeben werden kann: Nähe und Geborgenheit, Anerkennung und Selbstwirksamkeit, zärtliche Zuwendung und Erregung, kurzfristige

Annäherung oder langfristiges Beziehungsleben. Dabei wird Sexualität mit vielen Bedeutungen belegt: gewichtigen oder trivialen, bewussten oder unbewussten, liebevollen oder feindseligen. Sexualität kann Ausdruck tiefer Verbundenheit oder der Kompensation von Einsamkeit sein, den Selbstwert erhöhen und unbewusste Konflikte lindern ebenso wie Wut, Rache, Hass und Angst inszenieren. Vieles ereignet sich sowohl in langfristigen Partnerschaften wie auch in kurzfristigen Begegnungen.

Sexualität hat eine wesentliche Funktion beim Aufbau und Wandel der je persönlichen Identität eines Menschen und ist jeder einzelnen Person zugleich als Aufgabe zugemutet. Verschiedene Erlebnis- und Ausdrucksweisen des Sexuellen prägen die Körper-, Bedürfnis-, Geschlechts- und Beziehungsentwicklung eines Menschen. Sie können Selbstwert und Selbstwirksamkeit stärken, Enttäuschungen und Konflikte lindern, aber bei feindseligen Intentionen auch Verletzung und Schwächung eines Selbstbezugs zur Folge haben.

Wie man sich selbst und andere in ihrer Leiblichkeit wahrnimmt, ob die eigene Körperlichkeit ebenso wie die anderer geschätzt oder eher abgewertet wird, hängt nicht unwesentlich von der sinnlichen Resonanz ab, die man selbst von Anfang an erfahren hat. Ob jemand in der Lage ist, seine Bedürfnisse authentisch wahrzunehmen und realitätsbezogen zu befriedigen, ob sie ignoriert und unterdrückt werden oder sich ins Unermessliche ausdehnen, ist wesentlich bedingt durch den Umgang mit den elementaren Lebensäußerungen in Kindheit und Jugend. Ob sich die Geschlechtsbiographie eines Menschen an starren Rollenmustern orientiert oder sich im Einklang mit dem bio-psychisch-sozialen Erleben einer Person entwickelt, hängt zusammen mit der Breite der Identifikationsmöglichkeiten, die im Umfeld einer Person zur Verfügung stehen. Ob Menschen in Beziehungen Halt finden und sich gleichzeitig entfalten können, ob sie lernen, mit Trennung und Neubeginn umzugehen, Nähe und Distanz je nach ihrem Gegenüber auszubalancieren, ist abhängig von erlernten Kompetenzen im Umgang mit, aber auch der jeweils erfahrenen Würdigung von elementaren Bedürfnissen, Gefühlen und Sehnsüchten. Den jeweiligen Lebenswelten kommt in Bezug auf die Bildung einer leiblichen Integrität prägende Bedeutung zu. Sie können die Bildung verlässlicher Strukturen ermöglichen, stärken, beschleunigen oder aber auch enorm erschweren.

Je nachdem, auf welche Art und Weise die Erfahrungen in diesen Teilbereichen die Bildung einer leiblichen Integrität ermöglicht, gestärkt oder auch geschwächt haben, gelingt es der jeweiligen Person mehr oder weniger gut, die oft widersprüchlichen Aspekte sexuellen Erlebens in ein eigenes Selbstkonzept zu integrieren. Sexualität wird hier als »**Einheit des Widersprüchlichen**« erlebt und sexualwissenschaftlich entsprechend beschrieben. Als Einheit deshalb, weil Lust Beziehung stiften und Beziehung Lust hervorbringen kann, weil Fruchtbarkeit im Sinne des Kinderzeugens als Ausdruck von Beziehungsliebe verstanden werden und das Kind als »gemeinsames Drittes« die liebende Beziehung verlebendigen kann. Einheit auch daher, weil die meisten Menschen sich danach sehnen, sich selbst bewusst und lustvoll in dauerhaften Beziehungen mit Kindern zu erleben, und im Erwachsenenalter ein neuer Beziehungsbeginn meist mit dieser Hoffnung verbunden ist. Dennoch bleibt Widersprüchliches nicht aus, weil Leben mit Antagonismen einhergeht und durch Spannungen dynamisch bleibt. In dauerhaften Beziehungen wachsen Nähe und Vertrautheit; Erotik und Erregung brauchen aber auch Distanz und Fremdheit. Sexualität entfaltet sich in einem Wechselspiel von Hingabe und Aktivität, Spontaneität und Planung, Fühlen und Denken, Bewusstsein und Unbewusstem. Die Gestaltung der eigenen Sexualität steht dabei mitunter in einem Spannungsverhältnis zu anderen familiären und gesellschaftlichen Erfordernissen, sodass jeder und jede Einzelne dabei vor der Aufgabe steht, die vielen, sich manchmal wechselseitig verstärkenden, oft aber auch widerstreitenden Kräfte der Sexualität in ein eigenes Lebenskonzept zu integrieren.

### 2.3.4 Gefährdungen und Möglichkeiten des Scheiterns

Die Plastizität gelebter menschlicher Sexualität, die historische Ausdifferenzierung ihrer Ausdrucksformen und Funktionen, die Liberalisierung und Demokratisierung der moralischen Orientierungen ist einerseits ein Zugewinn an Lebensqualität und Freiheit, zugleich aber auch eine Herausforderung, die von vielen zeitweilig oder dauerhaft als Überforderung erlebt wird. Wünsche und Bedürfnisse werden gesellschaftlich geweckt und ausdifferenziert, Ansprüche können ins Unermessliche wachsen und Glück versprechende Angebote werden fast endlos zur Verfügung gestellt. Die Vielfalt und Aufdringlichkeit eines zunehmend wachsenden Marktes an Erregungs- und Befriedigungsmöglichkeiten beraubt den Menschen leicht des Kontakts zu sich selbst und zu den eigenen Kraftquellen sowohl von Sinn als auch von Sinnlichkeit. Manche werden zu Erregungssammlern, andere verlieren Lebensenergie. Sexualmoralische Normen sind immer weniger selbstverständlich und allgemeingültig. **Sexualmoral umzusetzen ist dem Einzelnen aufgebürdet und selbst in verbindlichen Partnerschaften häufig auf ein permanentes Aushandeln angewiesen.** Die gewachsenen

Möglichkeiten führten in der Vergangenheit und führen auch aktuell nicht immer zu der ersehnten und beanspruchten substanziellen Selbstbestimmung und haben verschiedene Schattenseiten, für die es ebenfalls sozial- und sexualwissenschaftliche Hinweise gibt.

Risiken und Gefahren für eine gelingende Gestaltung von Sexualität sind vor allem mit der Tatsache verbunden, dass Sexualität als Grunddimension leiblichen Seins ambivalent ist und unter bestimmten Bedingungen in **Gewalt** umschlagen kann. Ist die (sexuelle) Begierde Grundvoraussetzung für die Gestaltung von Selbstbezügen und der Interaktion mit anderem und anderen, kann sie zugleich zerstören, was sie aufgebaut hat. Das Setzen eines anderen als reines Objekt der eigenen Begierde steht so in der Gefahr, die Selbstbezüglichkeit eines anderen zu beeinträchtigen oder gar zu vernichten. Bestärkt werden kann eine solche Ambivalenz von Sexualität durch unterschiedliche **Asymmetrien**. Zu solchen Asymmetrien können ungleiche Ausgangsbedingungen zählen, wie sie zwischen Erwachsenen und Kindern konstitutiv sind, immer noch zwischen den Geschlechtern existieren, oft auch zwischen Jungen und Alten sowie Menschen mit und ohne Behinderung oder mit und ohne Migrationshintergrund. Menschen können sich gerade dort am meisten verletzen und von entwürdigenden gesellschaftlichen Bedingungen verletzt werden, wo sie sich in einem besonders hohen Maß Nähe und Vertrauen geben. Je massiver und subtiler sexuelles Begehren in Gewalt umschlägt, je bedeutsamer die jeweilige Interaktion erlebt wird und je weniger Gelegenheit existiert, eine selbstbewusste sexuelle Identität aufzubauen, umso traumatischer und langfristiger können sich sexuelle Übergriffe und sexuelle Gewalt auswirken.

Aber auch strukturelle wie ideologische, kulturell gewachsene Selbstverständlichkeiten können solchen Handlungen Vorschub leisten. Sozial- und sexualwissenschaftliche Erkenntnisse lehren uns, dass sexuelle Gewalt in autoritären Abhängigkeitsbeziehungen ebenso wie in unstrukturierten, intransparenten Verhältnissen, in sexualfeindlichen wie auch libertären Sexualkulturen, in unter- wie auch übernormierten Kontexten möglich wird. Verstärkt werden diese Voraussetzungen dann, wenn Menschen in sexueller Unmündigkeit gehalten werden, keinen Zugang zu den kraftspendenden Quellen ihrer Sexualität finden und keine Menschen kennen, denen sie sich anvertrauen können.

Über unmittelbare sexuelle Gewalterfahrungen hinaus können Menschen auch durch subtile Machtmechanismen in ihrem sexuellen Erleben, ihren Einstellungen und Verhaltensweisen manipuliert werden. Es ist das Verdienst gesellschafts- und ideologiekritischer Bewegungen, die im Laufe des letzten Jahrhunderts auf patriarchale und entmündigende Strukturen und Ideologien der Sexualunterdrückung aufmerksam gemacht und zugleich vor einer Ökonomisierung menschlicher Sexualbeziehungen gewarnt haben. Heute ist der **Warencharakter einer sich ausdifferenzierenden Sexualindustrie** nicht mehr zu übersehen und droht, die sexuelle Selbstbestimmung in eine Richtung zu manipulieren, bei der wesentliche Grundbedürfnisse der Menschen und Wertbindungen auf der Strecke bleiben. Menschen können bei dem Versuch, allen Aspekten der Sexualität (von der Lust bis zur Treue) ständig gerecht zu werden, in Selbstoptimierungsspiralen gelangen. Damit scheitern sie vielfach an ihren psychischen und sozialen Möglichkeiten, mit der Vielfalt und den Grenzen des Machbaren umzugehen.

Bei den Schlussfolgerungen aus dieser Gegenwartsdiagnose scheiden sich diverse gesellschaftliche Strömungen sowohl außer- als auch innerkirchlich. Die einen betonen die Bindung gelebter Sexualität an den institutionellen Schutzraum der Ehe und die Wiedereinsetzung klarer sexualmoralischer Verhaltensgebote, weil sie als gottgewollt gelten oder als notwendige Hilfen in einer immer unübersichtlicher werdenden Welt angesehen werden. Andere betonen das Recht auf sexuelle Selbstbestimmung eines jeden Menschen und vertrauen auf die Selbstregulierungskräfte eines zunehmend mündiger werdenden Menschen. Viele bewegen sich mit ihrer sexualmoralischen Haltung zwischen diesen beiden Grundpositionen, wollen einerseits nicht mehr zurück zur Konzentration sexuellen Erlebens auf die lebenslange Dauerbeziehung, schauen aber gleichzeitig skeptisch auf die sexualmoralische Entwicklung der gesellschaftlichen Liberalisierungstendenzen.

### 2.3.5 Pädagogische Perspektiven

Auch eine an sexueller Selbstbestimmung orientierte Sexualpädagogik enthält sich nicht der sexualpolitischen und sexualmoralischen Stellungnahme. Als Teildisziplin der Erziehungswissenschaft fußt sie auf den sexualwissenschaftlichen Gegenwartsanalysen und der Ausrichtung sexueller Erziehung und Bildung auf die Ziele der Mündigkeit und Verantwortung. Die zahlreichen und anspruchsvollen Entwicklungsaufgaben von Kindern, Jugendlichen und Erwachsenen in einer auch sexualmoralisch offenen Gesellschaft machen wesentlich mehr **aufklärende und erziehende Hilfestellungen zur (Selbst-)Bildung** erforderlich als das in geschlosseneren Gesellschaften notwendig war. Sexualmoralische Erziehung erschöpft sich dabei nicht in einer didaktisch geschickten Werteübertragung, sondern zielt auf die Befähigung zu einer eigenen Position angesichts der Kenntnis verschiedener Werteperspektiven und auf die Auseinandersetzung mit einer persönlich tragfähigen Vorstellung vom gelungenen Sexualleben. Hierfür werden im Folgenden (vgl. Kap. 2.4) Kriterien wie Freiwilligkeit, Achtung von Andersheit, Ermöglichung gleicher Verwirklichungschancen, Bereitschaft zur Treue und zum Neuanfang, Lebensdienlichkeit als Genuss und Verbindlichkeit, Verlässlichkeit wie gegenseitige Verantwortung, Schutz der Beteiligten, Wohlwollen gegenüber dem anderen sowie Lebenszufriedenheit benannt. Die Entwicklung einer solchen persönlichen Überzeugung ist entwicklungspsychologisch ein anspruchsvoller Bildungsprozess, der sich aus sehr vielen einzelnen Kompetenzen zusammensetzt. Die sexualpädagogische Begleitung beginnt mit dem Vertrauen in die auch sexualmoralische Bildbarkeit der Menschen von Anfang an, unterstützt die Erfahrung von Selbstwirksamkeit während der sexuellen Identitätsentwicklung, fördert das **Vertrauen in sich selbst** und die **Einfühlung in andere Menschen** und klärt alters- und situationsangemessen auf über alle sexualitätsrelevanten körperlichen, psychischen und sozialen Prozesse sowie Risiken und Gefahren.

Das Gelingen solcher Bildungsprozesse von Kindern und Jugendlichen ist abhängig von einer **vertrauensvollen Beziehung**, um die sich in der Regel schon die Eltern bemühen, die aber auch in Schulen und Einrichtungen der außerschulischen Jugendarbeit – freilich in einer professionell reflektierten Weise – von Bedeutung ist. Nicht immer, vor allem nicht durchgehend, gelingt es den unmittelbaren familiären Bezugspersonen, angesichts sexueller Informationsbedürfnisse oder Konflikte ins Vertrauen gezogen zu werden, und ein nicht unerheblicher

Anteil von Heranwachsenden, vor allem Jungen und Jugendliche mit Migrationshintergrund, haben keine Vertrauensperson für persönliche sexuelle Themen. Die Schule wird meist als der wichtigste Informationslieferant angegeben und sehr persönliche Fragen werden mit Freundinnen und Freunden besprochen, die aber nicht selten überfordert sind und oft nicht weiterwissen. Umso bedeutsamer sind Angebote im kirchlichen Raum, in dem sowohl Kinder- und Jugendgruppen als auch genügend Kontaktmöglichkeiten zu als bedeutsam empfundenen Erwachsenen zur Verfügung stehen, die in wesentlichen Fragen als persönliches Beispiel und als Orientierung gebende Beraterinnen und Berater fungieren.

Tatsächlich hilfreich sind sie aber nur dann, wenn sie selbst Gelegenheit hatten, sich ihrer persönlichen sexuellen Sozialisation und Wertposition bewusst zu werden. Die Bedeutung des sowohl angeleiteten als auch eigenständigen lebenslangen Lernens aller Erwachsenen, vor allem aber der pädagogisch Tätigen, wird mit dem Begriff der sexuellen Bildung unterstrichen. Dadurch wird hervorgehoben, dass sich sexuelle Identität in allen Lebensaltern angesichts der jeweiligen Entwicklungsaufgaben modifiziert und der persönlichen Gestaltung aufgegeben ist. Die Begleitung von Kindern und Jugendlichen in ihrem intimsten Persönlichkeitsbereich ist angesichts der beschriebenen Situation eine sehr verantwortungsvolle Aufgabe, auf die durch selbstreflexive Bildungsprozesse vorbereitet werden muss.

Neben dieser personalen Dimension sexualpädagogischer Arbeit wirken in pädagogischen Kontexten viele **institutionelle und konzeptionelle Rahmenbedingungen** auf die sexuelle Bildung der Mitglieder einer Organisation. Gemeinsame Grundwerte und das Vorhandensein eines sexualpädagogischen Konzepts, das Austragen von Konflikten, aber auch das Vertrauen unter den Generationen, die Kommunikation zwischen den Geschlechtern, die allgemeine Atmosphäre und der Umgangston miteinander sowie die Möglichkeit der externen Beratung und Hilfe wirken entscheidend auf die Offenheit und Bereitschaft zur Reflexion sexuellen Verhaltens und die Ausbildung sexualmoralischer Haltungen. Zu den Aufgaben sexualethischer Verantwortung kirchlicher Einrichtungen gehört also auch die Arbeit an der Sozial- und Sexualkultur mit dem Ziel eines **Gedeihraums** für ein selbstbestimmtes und zugleich sexualethisch verantwortetes Sexual- und Beziehungsleben.

Auch wenn sexualpädagogische Arbeit in unserer Gesellschaft vornehmlich dann thematisiert wird, wenn es gilt, Probleme zu bearbeiten, die die sexuelle Selbstbestimmung und ein verantwortbares Sexualverhalten gefährden, sollte sie **nicht als Gefahrenabwehrpädagogik** betrieben werden. Unerwünschte Schwangerschaft, Gewalt und sexuell übertragbare Krankheiten werden minimiert, wenn Empfängnisverhütung bekannt ist, Wissen über Körperfunktionen, Gesundheitsgefährdungen und Gefahrenmomente sexueller Kommunikation vorhanden ist sowie sexuelles Selbstbewusstsein und Sprachkompetenz existieren. Das grundlegende Ziel ist dabei jedoch, Gestaltungsräume anzubieten, in denen ein positives Verhältnis zum eigenen Körper, liebevolles Begehren, Anerkennung sexueller Verschiedenheit und eine liebevolle Kommunikationskultur erfahren und gelernt werden können. Die Eröffnung und Gestaltung solcher Räume hat dabei einen Wert, der auch, aber nicht nur darin besteht, präventiv den Umschlag von Begierde in sexuelle Gewalt zu verhindern.

### 2.3.6 Rechtliche Perspektiven

Sexualität, zumal in ihren individuell und gesellschaftlich unerwünschten oder schädlichen Erscheinungsformen, war und ist immer auch ein Thema von Recht. In erster Linie betraf dies das **Sexualstrafrecht** als besonderes Kapitel im Strafgesetzbuch. Bis zur Strafrechtsreform von 1975 hatte der entsprechende Abschnitt die Überschrift »Verbrechen und Vergehen wider die Sittlichkeit«. Schützenswertes Gut war damit die »Sittlichkeit«, die entsprechend dem Zeitgeist ausgelegt wurde. Bis 1975 waren z. B. der außereheliche Geschlechtsverkehr, der Ehebruch, die Kuppelei (auch durch Eltern), jegliche Prostitution sowie sexuelle Praktiken wie Sadomasochismus (S&M) verboten. Mit der sehr grundlegenden Strafrechtsreform von 1975 wurde dieser Abschnitt umbenannt in »**Straftaten gegen die sexuelle Selbstbestimmung**«. Wo es vorher um Unmoral ging, ist es jetzt die Sozialschädlichkeit eines Verhaltens, die bestraft wird. Geschütztes Rechtsgut ist die sexuelle Selbstbestimmung eines jeden Menschen, d. h. sein Recht, nicht gegen seinen Willen zum Opfer sexuellen Begehrens anderer gemacht zu werden. Die sexuelle Selbstbestimmungsfähigkeit bedeutet dabei die Fähigkeit, Bedeutung und Tragweite eines sexuellen Geschehens zu erfassen und demgemäß eine Verhaltensentscheidung zu treffen.

Mit dieser **Entmoralisierung des Strafrechts** beschränkt sich der Staat darauf, nur solches Verhalten zu verfolgen und zu bestrafen, welches elementare Interessen anderer oder der Gemeinschaft verletzt. Damit stehen vor allem der Jugendschutz, der Schutz Abhängiger bzw. Widerstandsunfähiger und der Schutz vor Gewalt im Mittelpunkt des Sexualstrafrechts. Alles, was erwachsene Menschen einverständlich tun, sollte dagegen nicht mehr strafbar sein. Neben der Aufhebung der Straftatbestände zum außerehelichen Geschlechtsverkehr, Ehebruch, Kuppelei etc. wurde auch die sogenannte weiche Pornographie (§ 184 StGB) freigegeben, da nicht mehr das Sittlichkeitsempfinden der Allgemeinheit Maßstab der rechtlichen Betrachtung ist, sondern das Selbstbestimmungsrecht des Einzelnen.

Seit dieser Reform gab es weitere Änderungen bei einzelnen Normen, die entweder den eingeschlagenen Weg fortsetzten und den Strafanspruch des Staates weiter zurücknahmen (z. B. 1994 die Aufhebung von § 175 StGB, der homosexuelle Handlungen von Männern mit minderjährigen Jungen unter Strafe stellte, verbunden mit der Schaffung einer einheitlichen Schutzvorschrift für männliche und weibliche Jugendliche in § 182 StGB) oder den Strafanspruch ausdehnten oder verschärften, weil es neue Erkenntnisse zur Sozialschädlichkeit von bestimmtem Verhalten gab (z. B. 1998 der neue Tatbestand des sexuellen Missbrauchs unter Ausnutzung eines Beratungs-, Behandlungs- oder Betreuungsverhältnisses in § 174c StGB) oder neue Sichtweisen zur Sozialschädlichkeit von bestimmten Verhaltensweisen wirksam wurden (z. B. 1997 die Einführung der Strafbarkeit der ehelichen Vergewaltigung; die Ergänzung von Drohung und Gewalt bei der Vergewaltigung und sexuellen Nötigung durch »Ausnutzen einer Lage, in der das Opfer der Einwirkung des Täters schutzlos ausgeliefert ist«; die Ausdehnung der Vergewaltigungsnorm auf alle Penetrationsformen, sodass auch Männer Opfer einer Vergewaltigung werden können). Strafverschärfungen betrafen vor allem den sexuellen Missbrauch von Kindern (§ 176 StGB) sowie die Kinderpornographie (§ 184b StGB).

Im Strafrecht gibt es auch außerhalb des Sexualstrafrechts Tatbestände, die bestimmte sexuelle Handlungen unter Strafe stellen: Tötung zur Befriedigung des Geschlechtstriebes als Mord (§ 211 StGB), Beischlaf zwischen Verwandten (§ 173 StGB – hier ist das geschützte Rechtsgut durchaus umstritten, die Norm scheint eher durch ein Inzesttabu begründet zu sein), Verbrechen im Namen der Ehre, hier: Zwangsheirat (§ 237 StGB), Stalking (§ 238 StGB) sowie Menschenhandel zum Zweck der sexuellen Ausbeutung (§ 232 StGB).

In den letzten Jahren wurden immer mehr **Regelungen außerhalb des Strafrechts** geschaffen, die sexuelles Verhalten unmittelbar oder zumindest mittelbar betreffen. Hierzu gehören u. a. das Prostitutionsgesetz von 2001, nach dem Vereinbarungen über sexuelle Handlungen gegen Entgelt nicht mehr als sittenwidrig einzustufen sind; das Gewaltschutzgesetz von 2001, das einen Rechtsanspruch auf bestimmte Maßnahmen zum Schutz vor (sexueller) Gewalt beinhaltet (u. a. Überlassung der Wohnung, Annäherungs- und Kontaktverbote – verbunden mit entsprechenden polizeirechtlichen Regelungen); der Schutz vor sexueller Belästigung am Arbeitsplatz im Allgemeinen Gleichbehandlungsgesetz von 2006; das Kinderschutzgesetz von 2012 zur Verbesserung des Schutzes von Kindern vor Missbrauch und Vernachlässigung; das Lebenspartnerschaftsgesetz von 2001, das eine gleichgeschlechtliche Partnerschaft in vielen Bereichen der Ehe gleichstellt sowie das Transsexuellengesetz mit der Regelung der Geschlechtsumwandlung transsexueller Menschen.

Diese vielen Änderungen und Erweiterungen in den verschiedenen Rechtsgebieten zeigen, dass Recht immer auch eine Reaktion auf einen gesellschaftlichen Diskurs ist, der – gerade, wenn es um Sexualität geht – sich immer weiter entwickelt und verändert. Recht ist daher etwas sehr Lebendiges, das die jeweiligen gesellschaftlichen Einstellungen spiegelt und aufnimmt. Die Entwicklung seit 1975 erfolgte daher nicht ausschließlich weg vom staatlichen Strafanspruch, sondern vergrößerte diesen gerade dort, wo es sich zeigte, dass die sexuelle Selbstbestimmung auch bei Erwachsenen gefährdet sein kann, etwa bei der Ausnutzung spezifischer Machtverhältnisse wie z. B. in einer Therapie oder Beratung oder auch in einer Ehe.

### 2.3.7 Gender und Diversity als Querschnittsthemen

»Geschlecht« ist eine Kategorie, die als Bestandteil der kulturellen Vorstellungen Menschen in zwei Gruppen einteilt: Frau und Mann. Das hat weitreichende Folgen dafür, wie Frauen und Männer aufwachsen und welcher Ort in der Gesellschaft als für sie angemessen angesehen wird. Der englische Begriff **»Gender«** wird dann verwendet, wenn soziale und kulturelle Aspekte von »Geschlecht« gemeint sind, während der englische Begriff **»sex«** Frau und Mann nach den biologischen, körperlichen Merkmalen unterscheidet. »Geschlecht« ist nicht die einzige Kategorie, die zur Unterscheidung innerhalb der Vielfalt von Menschen genutzt wird. Weitere Unterscheidungskategorien sind »ethnische Zugehörigkeit«, »Alter« oder »Behinderung«. Alle diese Merkmale bezeichnen Unterscheidungslinien in der Vielfalt von Menschen und werden als **»Diversity«** zusammengefasst. Die Gender- oder Diversityperspektive ist für Fragen der Sexualethik deshalb unverzichtbar, weil sie für die vielfältige Unterschiedlichkeit von Menschen sensibilisiert. Sie berührt ganz grundsätzlich den Umgang mit Ungleichheit und Gleichwertigkeit. Mit dieser Perspektive lassen sich die Möglichkeiten und Schwierigkeiten, Ungleichverhältnisse nicht zu einseitigen Dominanzverhältnissen werden zu lassen, diskutieren und verhandeln. Für diese Fragen ist wesentlich, welche Wirkungen und Folgen die Unterscheidungen nach Geschlecht und anderen Merkmalen haben, wie relevant sie sind und mit welchen Bewertungen sie verbunden werden. Die Diskussion der Kategorie »Geschlecht« führt hier am weitesten, daher wird ausführlicher darauf eingegangen.

»Geschlecht« als eine Zuordnungskategorie, »entweder Mann oder Frau«, engt das Potenzial der Vielfalt von möglichen geschlechtlichen Verschiedenheiten auf nur zwei Möglichkeiten ein, schließt Uneindeutigkeiten im Sinn von »weder noch« oder »sowohl als auch« oder »nur ein bisschen Frau oder Mann« aus und zwingt das, was sich dem Schema sperrt, zur Anpassung und Verleugnung.

Das deutsche Recht hat jedenfalls diesen Geschlechterdualismus 2013 durch die Änderung des Personenstandsrechts insofern abgemildert, als nun in das Geburtenregister nicht mehr entweder »männlich« oder »weiblich« eingetragen werden muss, sondern die Geschlechterzuordnung unterbleiben kann. Der Deutsche Ethikrat hatte die vorherige Praxis als Eingriff in das Recht auf Gleichbehandlung Intersexueller – Menschen mit biologisch uneindeutigem Geschlecht – beanstandet. Jenseits dieser beachtlichen rechtlichen Änderung gilt anthropologisch: Frauen können so, wie sie Sexualität leben, auch männliche Anteile und Männer weibliche Anteile haben. Wenn diese verleugnet und ausgeblendet werden müssen oder als bedrohlich und störend bekämpft werden müssen, können die Beziehungen zwischen den Geschlechtern dadurch belastet werden. Auch Homophobie als Abspaltung homosexueller Anteile kann in Gewalt ausgelebt werden. Erst Offenheit und Anerkennung der Vielfalt innerhalb der Kategorie »Geschlecht« ermöglicht gleichgestellte und wertschätzende sexuelle Begegnungen.

Die Unterscheidung nach Frau und Mann hat das Verständnis von Sexualität über eine lange Zeit einseitig geprägt und geht mit einer unterschiedlichen Bewertung von männlicher und weiblicher Sexualität einher. Hintergrund war die Tatsache, dass Frauen schwanger werden können und man dies deutlich sehen kann. Kinder können damit immer schon ihren Müttern zugeordnet werden, aber die Vaterschaft war weniger evident. Z. B. dienten Kontrollen und Verbote dazu, die weibliche Sexualität stärker einzuschränken als die männliche, um mögliche Vaterschaften eingrenzen und Kinder bestimmten Vätern und damit legitimierten Familien zuordnen zu können. Mit der breiten Zugänglichkeit von Verhütung hat sich diese Ausgangssituation aber verändert. Nicht nur ist Sexualität nicht mehr genuin an Fortpflanzung gebunden, sondern ebenso kann eine Vaterschaft eindeutig geprüft und nachgewiesen werden, wodurch sich die Abstreitbarkeit einer rechtlichen wie moralischen Verantwortung enorm erschwert.

Trotz der unbestreitbaren Veränderungen ist heute immer noch zu beobachten – in unterschiedlichen sozialen Gruppen in unterschiedlichem Maß –, dass Männern mehr sexuelle Freizügigkeit eingeräumt wird als Frauen und dass Unterschiede dahingehend gemacht werden, dass Männlichkeit mit Aktivität, sexueller Erfahrung und Potenz, Weiblichkeit dagegen mit Hingabe, sexueller Zurückhaltung und Empfängnis verbunden wird. Bei aller Demokratisierung sexueller Beziehungen (vgl. Kap. 3.1.1) befürchten vor allem Mädchen und Frauen, ihren »guten Ruf« zu verlieren und als »Flittchen« gebrandmarkt zu werden. Dass weibliche und männliche Sexualität unterschiedlich bewertet werden, lässt sich auch feststellen, wenn man die Rollen von Frauen und Männern in der Prostitution (überwiegend suchen männliche Freier weibliche Prostituierte auf), in der Nutzung von Pornographie (überwiegend von Männern konsumiert) und bei sexueller Gewalt (überwiegend Männer als Täter) betrachtet. Der Unterschied zwischen den Rollen von Frau und Mann ist vor allem dort zu finden, wo – wie in den genannten Feldern – Frauen real oder fiktiv eher Sexualobjekte und Männer eher die überlegenen Akteure sind.

Gleichberechtigung allein stellt vor diesem Hintergrund noch keine Beziehung her, die frei von Angst und Unterdrückung ist. Insofern gewährleisten gleiche formale Rechte noch nicht die gleichen Chancen, diese Rechte auch in Anspruch nehmen zu können. Im Gegenteil: Formale Gleichbehandlung kann Ungleichheit der Chancen und eine Unterordnung sogar verstärken. **Gleichstellung beinhaltet daher mehr als Gleichbehandlung**, nämlich die Vorstellung, dass alle Menschen – gerade auf der Basis ihrer ungleichen Ausgangsvoraussetzungen – in die Lage versetzt werden, ihre persönlichen Fähigkeiten frei zu entwickeln und zu entfalten. Der Begriff der **Verwirklichungschancen** macht deshalb deutlich, dass die Voraussetzungen für diese Befähigung immer erst zu schaffen sind. Dann, so das Ziel, soll es möglich werden, ein Leben zu führen (und hier insbesondere: erfüllte Sexualität zu leben), für das man sich mit guten Gründen entscheiden konnte und das die Grundlagen der Selbstachtung nicht infrage stellt. Dieses Verständnis bietet Anknüpfungspunkte für die ethischen Überlegungen zur Ausgestaltung sexueller Beziehungen, die nicht nur für Ungleichheit nach Geschlecht, sondern auch für Ungleichheit nach anderen Merkmalen gelten können.

Verwirklichungschancen sollen tatsächlich realisierbar und nicht nur formal gegeben sein. Das beinhaltet die Aufforderung, die Voraussetzungen für diese Realisierbarkeit zu schaffen. Gleiche Chancen, erfüllte Sexualität zu leben, beinhalten den effektiven Schutz vor einer ungewollten Schwangerschaft, weil Frauen und Männer von einer Schwangerschaft in unterschiedlicher Weise betroffen sind. **Respekt vor Andersheit, Anerkennung von Vielfalt** und der **Abbau von Angst und Macht** in dem Verhältnis der Geschlechter und zwischen Ungleichen allgemein und im Zusammenhang mit Sexualität im Besonderen sind weitere Voraussetzungen für gleiche Verwirklichungschancen – und zudem konsistent mit einer Sicht von Sexualität als gute Gabe Gottes.

## 2.4 Theologisch-ethische Kriteriologie

Fragt man jenseits der bisher skizzierten nicht theologischen Wissensbestände nach **konkreten evangelischen ethischen Orientierungen**, dann lassen sich diese anhand der Voraussetzungen, Umsetzungen und Folgen von sexuellen Praktiken unterscheiden. Trotz ihrer konfessionellen kirchlichen Herleitung verschließen sich solche Kriterien nicht der gesellschaftlichen, auch außertheologisch deutbaren Realität. Eine evangelische Perspektive bezieht Bedingungen wie die geltende Rechtslage oder soziokulturelle Fakten von Anbeginn an mit ein und sucht das Leben unter diesen Bedingungen zu gestalten.

Betrachtet man »im Geiste der **Liebe**« die **Voraussetzungen** von Sexualität, dann erscheinen vier Kriterien ihr Gelingen zwar nicht zu garantieren, doch zumindest wahrscheinlicher zu machen. Das erste theologisch-ethische Kriterium ist die Freiwilligkeit, das zweite die Achtung von Andersheit, das dritte die Ermöglichung gleicher Verwirklichungschancen und das vierte die Bereitschaft zur Treue und zum Neuanfang.

Die **Freiwilligkeit** der Beteiligten im Sinne von Einverständnis und Selbstbestimmung gehört zu den zentralen Bedingungen, die aus der Sicht evangelischer Ethik zu berücksichtigen sind. Fehlt die Freiwilligkeit, wie etwa im furchtbaren Extrem der Missbrauchsfälle, aber auch in manchen Fällen von Prostitution, wird die Sexualität nicht mehr als lebensdienlich, sondern als körperlich und seelisch zerstörerisch erlebt. Zu einer Freiwilligkeit, die Menschen für sich selbst in Anspruch nehmen dürfen, gehört umgekehrt, die Diversität des Menschen, die sich in der Einzigartigkeit und der **Andersheit** des anderen konkretisiert, zu respektieren. Die eigenen sexuellen Wünsche oder Erwartungen können bisweilen leicht auf das geliebte und begehrte Gegenüber übertragen werden und so dessen Grenzen überschreiten. Positiv gewendet kann es gerade die Andersheit eines anderen Menschen sein, die in der Intimität das je eigene neu entdecken lässt oder zu neuen Erfahrungen einlädt. Die Anerkennung von Diversität und Vielfalt führt zum Kriterium **gleicher Verwirklichungschancen**. Eine für beide Partner erfüllende Sexualität setzt eine Beziehung auf Augenhöhe ohne asymmetrische Machtverhältnisse und ohne polare Geschlechterkonstruktionen voraus (die freilich phasenweise und freiwillig zurückgewiesen werden kann). Besonders in den auf Dauer angelegten Beziehungen wie der Ehe oder eingetragenen Partnerschaften kommt schließlich die **Bereitschaft zur Treue und zum Neuanfang** in besonderer Weise in den Blick. So weltfremd es wäre zu behaupten, dass sich gelingendes sexuelles Erleben nur innerhalb solcher festen Partnerschaften ereigne, so sehr lehrt die Erfahrung, dass die sexuelle Verbundenheit innerhalb dieses partnerschaftlichen, auch institutionell zum Ausdruck gebrachten Rahmens von Treue, Vertrauen und Vergebung über Krisen hinweg und durch das Altern hindurch von besonderer Qualität ist und das gemeinsame Leben bereichert.

Ausgehend von diesen vier vorausgesetzten theologischen Kriterien ermöglichen mit Blick auf den **Vollzug** von Sexualität folgende **drei Kriterien** ethische Orientierung. Erstens erscheinen als Faustregel all jene Sexualpraktiken nicht nur tolerabel, sondern aus ethischer Sicht unterstützenswert, die sich als **lebensdienlich** erweisen. »Lebensdienlich« ist zunächst ein weiter Begriff und kann und wird sehr unterschiedlich verwendet. Vor dem Hintergrund der zuvor skizzierten biblischen, theologischen und den anderen wissenschaftlichen wie rechtlichen Ausführungen meint er nicht, seine eigenen Bedürfnisse ohne Rücksicht auf andere zu befriedigen. Vielmehr wird ein solcher Umgang mit Sexualität als gut, schön und wohltuend bewertet, der das Lustvolle und Wohltuende von Sexualität für alle Beteiligten erfahrbar macht. Um anzuzeigen, dass Verantwortlichkeit und Genuss in der Sexualität keinen Gegensatz bilden müssen, sondern einander wechselseitig ergänzen und erschließen, kann man eine so gelebte Sexualität als »lebensdienlich« bezeichnen. Das bedeutet nach dem zuvor Ausgeführten: Für das Verständnis der Ehe und auch anderer Partnerschaften haben Vorstellungen von Verbindlichkeit, Verlässlichkeit und gegenseitiger Verantwortung ganz besonderes Gewicht. Was aber ebenso gilt: Für Menschen, die nicht in einer festen Partnerschaft leben, können diese Dimensionen, wenngleich mit anderer Reichweite, auch in gelegentlich oder kurzfristig sich ergebenden sexuellen Erlebnissen eine Rolle spielen, sofern sie Sexualität verantwortlich so genießen, dass zumindest die oben erwähnten Voraussetzungskriterien Freiwilligkeit, Achtung von

Andersheit, Ermöglichung gleicher Verwirklichungschancen und Bereitschaft zum Neuanfang nicht aus dem Blick geraten.

Zweitens muss immer dort, wo sich Konflikte anbahnen, der **Schutz der Beteiligten** vor dem Recht auf das Ausleben von Vorstellungen oder Wünschen gewährleistet sein. Angelehnt an ein zentrales Prinzip der biomedizinischen Ethik erscheint es daher auch für sexualethische Krisen plausibel, zunächst das »Nicht schaden!« zu fordern. Eine evangelische Ethik sollte sich nicht allein von der *negativen* Formulierung des Kategorischen Imperativs leiten lassen, den anderen nicht einfach nur als Mittel, sondern immer auch als Zweck an sich selbst zu betrachten. Vielmehr weist die evangelische Ethik auch auf die *positive* Formulierung der »Goldenen Regel« (Mt 7,12) hin, der zufolge man sich im Miteinander nicht allein am moralischen Minimum, Schaden zu vermeiden, ausrichten soll. Wenn es vielmehr auch das zu tun gilt, was man selbst erfahren möchte, bedeutet dies: Dem Verbot des Schadens steht auch im Geben und Nehmen sexueller Lust stets das Gebot zur Seite, dem anderen Gutes zu tun und tun zu wollen.

Drittens muss noch der Bereich der »Folgen« gelebter Sexualität ethisch in Betracht gezogen werden: Unterstützenswert erscheinen aus theologisch-ethischer Perspektive sexuelle Lebens- und Erlebensformen dann, wenn sie zur **Lebenszufriedenheit** des Einzelnen und in Partnerschaften beitragen. Damit sei keineswegs die Erwartung eines stets ungetrübten Glücks zum Maßstab sexuellen Lebens erhoben. Lebenszufriedenheit kann sich – deutlich niedrigschwelliger – auch dort einstellen, wo Einzelne oder Paare Formen und Wege finden, ihre Sexualität lustvoll auszuleben und dabei eine ihnen je angemessene Balance zwischen liebgewordenen Gewohnheiten und reizvollen Neuerungen zu entwickeln. Eine solche Balance für sich und in einer Partnerschaft zu gewinnen, bedeutet einen wichtigen Schritt in der sexuellen Identitätsbildung und dient damit einer verantwortlich gelebten sexuellen Selbstbestimmung. Gegenüber überhöhten Anforderungen an das Gelingen von Sexualität vernachlässigt eine evangelische Ethik allerdings nie die Frage nach dem Umgang mit dem stets drohenden Scheitern und der begangenen Schuld sowie nach den Formen von Versöhnung, die Menschen angeboten werden. In einem von so vielen Erwartungen und gesellschaftlichen Bildern geprägten Feld wie der Sexualität fordern gerade diese Fragen, die an intimste Bereiche des Lebens rühren, eine hohe theologische und ethische Sensibilität, wenn sie nicht entlarvend und destruktiv, sondern lebensdienlich und zukunftseröffnend thematisiert werden sollen.

Mit den vorausgehenden Überlegungen zu den vier theologisch-ethischen Kriterien zu den Voraussetzungen sowie den drei Kriterien auf den Ebenen des Vollzuges und der Folgen zeichnet sich ab, dass aus einem aktuellen evangelischen Verständnis Lebensformen nicht primär danach beurteilt werden sollten, ob sie bestimmten institutionellen Vorstellungen entsprechen, sondern ob sie der oben ausgeführten Kriteriologie entsprechen. Aus guten Gründen hat deshalb die evangelische Kirche – bspw. in der EKD-Rahmenordnung für das Pfarrdienstrecht von 2010 – im Vergleich zu früheren Einschätzungen eine **Perspektivänderung von einem primär institutionsbasierten zu einem primär kriteriengeleiteten Verständnis der Lebensformen** vorgenommen. Der besonderen Hochschätzung von Ehe als Rahmen für Sexualität wird damit nicht widersprochen. Allerdings wird sie anders begründet: Nicht weil die Ehe als einmal so gewordene Institution eine bevorzugte Lebensform ist, kann sie der sexuellen Intimität einen besonders guten Raum bieten, sondern weil sie als rechtlicher, institutioneller und kirchlich gesegneter Schutzrahmen die skizzierten Kriterien verantwortlicher Sexualität wie Freiwilligkeit, Achtung von Andersheit, Ermöglichung gleicher Verwirklichungschancen, Bereitschaft zur Treue und zum Neuanfang, Verbindlichkeit, Verlässlichkeit und gegenseitige Verantwortung, Schutz der Beteiligten, Wohltun und Suche nach Lebenszufriedenheit in guten wie in schlechten Tagen besonders intensiv zum Ausdruck bringt. Wo sie dies tut, dort ist und bleibt die Ehe Leitbild für das geschlechtliche Leben. An der rechtlichen Einrichtung der eingetragenen Partnerschaft oder an der von einigen Landeskirchen bereits offiziell angebotenen Möglichkeit der Segnungsgottesdienste für gleichgeschlechtliche Paare wird deutlich: Auch homosexuelle Menschen wünschen sich, ihrer Beziehung einen solchen tragenden Rahmen vergleichbar zur Ehe zu geben.

Unterschiedliche theologische Traditionen legen diesen Leitbildcharakter unterschiedlich aus. Z. T. wird der Schutz der Ehe aus dem unhinterfragbaren göttlichen Gebot, niedergelegt in den Zehn Geboten oder in Jesu Verbot der Ehescheidung oder in vermeintlichen Schöpfungs- oder gar natürlichen Ordnungen, abgeleitet. Z. T. wird der Schutz der Ehe darin gesehen, dass sie sich auf eine kriteriengestützte Würdigung als Leitbild des Zusammenlebens und somit auch des sexuellen Lebens bezieht. Es ist nicht das Gebot um des Gebotes willen, die Institution um der Institution willen oder eine Beschreibung der vermeintlichen Natur oder Schöpfung, die deutlich macht, warum die Ehe im Christentum von Gott und den Menschen so hoch geschätzt wird, dass sie zu schützen ist. Das wären Begründungsfiguren, die Gottes Forderung und menschliche Selbstbestimmung in einen unnötigen Gegensatz bringen würden. Dies muss jedoch bei der Deutung der **Ehe als Leitbild** gar nicht geschehen. Denn dass die genannten Gebote und die Institutionalität mit ihrer Stabilisierungs- und Entlastungsfunktion wichtig sind, rechtfertigt sich kongruent mit den genannten Kriterien.

Daher konnte sich die Ehe als Leitbild, historisch gesehen, auch dahin entwickeln, dass ihre institutionelle Form und die in ihr gültigen Kriterien eines verantwortungs- und vertrauensvollen Umgangs als sich ergänzend angesehen wurden. So hat sich das ausschließliche Verhältnis von Mann und Frau, die sich in Liebe und Treue einander verbinden, in der Zeit der Romantik etabliert, im Laufe des von der Industrialisierung geprägten 19. Jahrhunderts stabilisiert und im 20. Jahrhundert als Modell für andere Formen von Partnerschaft erwiesen. Heute sind die Lebensformen Ehe und Familie Fixpunkte innerhalb der gegenwärtigen funktional differenzierten Gesellschaft, die einen unerlässlichen Schutz und Rückzugsort für die Gestaltung von Intimität darstellen.

Wenn man zwischen dem Kriterium der Lebensdienlichkeit und der institutionellen Verfasstheit von Lebensformen einen Widerspruch konstruiert, wird eine falsche Front aufgebaut. Verdeutlicht sei dies an dem Dekaloggebot »Du sollst nicht ehebrechen!«: In der Geschichte des Christentums ist dieses Gebot als eine universale Norm verstanden worden, auch wenn die Exegese gezeigt hat, dass es ursprünglich nur den Sinn hatte, eine Beziehung eines landbesitzenden Israeliten zur Ehefrau oder Verlobten eines anderen zu verbieten. Weder Nebenfrauen zu haben noch Prostituierte aufzusuchen war mit diesem Verbot ausgeschlossen. Dass das Verbot jenseits seines Entstehungskontextes eine Bedeutungsausweitung in sich trug, verwundert jedoch nicht. Einfach zu sagen, es sei ein Gebot Gottes, mag für den Einzelnen zwar eine hinreichende Erklärung sein, trägt aber angesichts des historischen Befundes allein nicht. Deshalb ist es sinnvoll zu fragen, warum spätere Generationen dieses ursprünglich auf den einzelnen landbesitzenden Mann bezogene Gebot allen Menschen guten Willens vorgehalten haben. Bevor man sich hier zu schnell auf eine universale Moral oder ein Weltethos beruft, lohnt sich ein zweiter Blick auf den Entstehungskontext. Frank Crüsemann hat unter großer Zustimmung anderer Alttestamentler den **Sinn des Dekaloges** insgesamt unter die Programmformel »Bewahrung der Freiheit« gestellt. Was ursprünglich für Israel und die dortigen landbesitzenden Männer galt, hat eben eine grundlegende Bedeutung: Menschliches Zusammenleben kann dann als gelingend verstanden werden, wenn es vor Gott, in den Worten Wolfgang Hubers, eine »**kommunikative Freiheit**« zu realisieren versucht. Die Zehn Gebote dienen dem von Gott mit Segen begleiteten Lebensversuch, aus Ägypten, dem Symbol der Unfreiheit und Knechtschaft, zu entkommen und in das gelobte Land zu ziehen, wo jeder (historisch genauer: jeder Mann) gut leben kann, weil er seinen Grundbesitz und seine Familie hat und die der anderen respektiert. Dass dieses Ideal im Alltag gefährdet ist, zeigt allein der Umstand, mit dem Dekalog eine Art doppelte Faustformel zur Bewahrung dieser Vision bereit zu halten. In diesem Kontext der »Bewahrung der Freiheit«, die von Gott gewollt und vor allem getragen ist, gewinnt das Gebot »Du sollst nicht ehebrechen!« einen eindrücklichen Sinn. Hinter der Verbotsnorm zeigt sich dann jenseits der geschichtlichen Entstehung eine verallgemeinerbare Vision guten Lebens: Menschen tut es in ihrem Beziehungsleben gut, wenn sie nicht *nur*, aber *auch* Räume des Schutzes und der Intimität haben dürfen, die grundsätzlich von anderen nicht angetastet werden und deren Existenz primär nicht zu rechtfertigen ist. (Dass dieser Intimbereich aufgebrochen werden muss, wo es zu strafbaren Handlungen kommt, ändert nichts daran, einen solchen Raum für wichtig zu erachten.) Weil sich diese schon im geschichtlichen Entstehungskontext verwurzelte Einsicht nicht nur auf ein Geschlecht beschränken lässt, ist es nur konsequent, die Sinnrichtung des Ehebruchverbots zu erweitern: Wer die Ehe bricht, dringt – und dies lässt sich diesseits eines moralisch erhobenen Zeigefingers konstatieren – in zu achtende Beziehungs- und Intimräume ein. Er oder sie greift damit in Biographien anderer Menschen ein, ja greift sie an. Die Konsequenzen sind für viele Beteiligte, einschließlich der Familien und Kinder, unauslöschlich. Diese Einschätzung gilt auch dann, wenn man weiß, dass es zu Affären oder außerehelichen Kontakten vor allem dann kommt, wenn »irgendwo« in den angegriffenen Beziehungen etwas nicht (mehr) stimmt. Dennoch sinkt die Chance, an der mit dem Eheversprechen unter den Segen Gottes gestellten Partnerschaft zu arbeiten, wo andere Beziehungen, vor allem intime, eingegangen werden. Hinter der Verbotsnorm »Du sollst nicht ehebrechen!« steht die positiv formulierbare Einsicht: Gehe sorgsam mit Beziehungen und Biographien anderer Menschen, nicht zuletzt auch mit der eigenen Lebensgeschichte und Beziehung um. Sie sind ein hohes, aber eben zugleich zerbrechliches Gut, für das es sich zu kämpfen lohnt, und ein großes Pfund im Verhältnis zum Vertrauensbruch und auch dem intensiven, aber oft nur kurzfristigen Ausleben der Lust, die mit dem Ehebruch einhergeht. Es gibt eben de facto gegen alle Schönfärberei viel zu verlieren. Auch die erwähnte jesuanische Verschärfung, dass der Ehebruch mit dem lüsternen Blick beginnt, hat zumindest darin seine Wahrheit, dass Prozesse der Entkopplung der an sich guten, von fast allen gewollten Verbindung von Liebe und Lust schleichender vonstattengehen können, als in einer offensichtlichen Handlung der Untreue. Diesseits der in ihrer Drastik unrealistischen Konsequenz, die das Jesus-Wort fordert, erscheint die jesuanische Deutung des Beginns der Untreue damit sehr wohl lebensrelevant. Sein eigenes Beziehungs- und Geschlechtsleben auf solche schleichenden Veränderungsdynamiken hin selbstkritisch zu beobachten, wird nur der als moralistischen Mief verurteilen, der das Gut einer Beziehung zu einem Menschen nicht schätzt, der einem bedingungslos vertraut und der dies von einem selbst erwarten darf. Umgekehrt wird so deutlich:

Der Rahmen, den die Institution Ehe bietet, ist nicht als ein Freiheitsverlust zu charakterisieren. Vielmehr steckt er in stabiler Erwartung an die Ehepartner und gegenüber anderen den Raum ab, in dem in wechselseitiger Verantwortung Freiheit gelebt, gestaltet und im leiblichen Miteinander genossen werden kann. Dass dieser verantwortliche Umgang miteinander – wie es für ein Leitbild üblich sein sollte – ausstrahlt und sich auch in anderen Lebensformen ausdrücken kann, ist damit nicht nur nicht ausgeschlossen, sondern zu erwarten und darf mit Dankbarkeit wahrgenommen werden.

Aus der Zusammenschau der hermeneutischen, biblischen, kirchengeschichtlichen und theologisch-ethischen Einsichten lässt sich – im wahrsten Sinne des Wortes – eine Handvoll **Merkformeln** entwickeln. Sie verstehen sich nicht als ein weiterer Beitrag zur psychologischen Ratgeberliteratur, aber sie können helfen, in theologisch-ethischer Perspektive die unterschiedlichen Formen von Sexualität einzuordnen und im Besonderen mit sexualethischen Konflikten umzugehen. Ihren Ansatz finden sie in der Überzeugung, dass die Leidenschaften durch wechselseitiges Vertrauen, Treue, Verbindlichkeit und Verlässlichkeit verantwortlich kultiviert werden können und sollen, aber auch in der nüchternen Einsicht, dass der Mensch eben immer wieder diese Kultivierung der Leidenschaft mit seiner Leidenschaft riskiert. Um diese produktive und gefährliche Spannung verantwortlich zu gestalten, kann diese Handvoll Merkformeln jenseits einer negativen Verbotssprache den Umgang mit Sexualität positiv orientieren.

### *Dankbar sein*

Sexualität ist eine der schönsten und intensivsten Erfahrungen menschlichen Lebens, vor allem wenn sie Ausdruck von Liebe ist. Nur was einen so leidenschaftlich ergreifen kann, was eine solche Kraft entfesseln kann, kann auch die Verzweiflungen und Zerstörungen bewirken, die viele Menschen aus ihrem Liebes- und Geschlechtsleben kennen. Genau weil mit Sexualität sowohl Liebe als auch Lust verbunden sind und sich hier Menschsein von seiner intensivsten Seite zeigt, kann sich Dankbarkeit einstellen. Wenn – wie Christoph Joseph Ahlers etwas emphatisch sagt – in der Sexualität ein Stück Himmel erfahrbar ist, weil wir hier **Erfahrungen des Angenommen-Seins, des Eins-Seins** leiblich erleben, dann kann man, selbst wenn Leidenschaft potenziell Leiden schaffen kann, als erstes sagen: Gott sei Dank dafür.

### *Menschlich bleiben*

Das jesuanische Wort, dass der Sabbat um des Menschen willen gemacht sei statt umgekehrt (Mk 2,27f.), ruft die moralische und ethische Beurteilung von Sexualität dazu auf, bodenständig zu bleiben und gerade so den Menschen nahe zu sein, wie es Gott selbst in seinem Sohn geworden ist. Wenn der Menschensohn – also kein anderer Mensch oder kein anderes Gesetz – Herr über den Sabbat ist, dann bedeutet dies: **Regeln gilt es nicht um ihrer selbst willen zu beachten, sondern weil sie das mitmenschliche Zusammenleben ermöglichen, bewahren und fördern sollen.** Das Jesus-Wort fordert mithin auch dazu auf, Regeln dann infrage zu stellen, wenn sie zu reinen gesellschaftlichen Konventionen zu erstarren scheinen oder spätestens wenn sie sich als lebensfeindlich oder entwürdigend erweisen. Überlegungen sind dahingehend anzustellen, ob sexualethische Regeln gelten, weil sie sich ernsthaft bewährt haben oder umgekehrt nur weil sie den gesellschaftlichen Mainstream abzubilden scheinen. Beides muss keinen Gegensatz bilden. Das gilt jedenfalls dann, wenn die skizzierten Kriterien der Lebensdienlichkeit auch im normalen Leben beachtet und umgesetzt werden – was glücklicherweise häufiger der Fall ist, als es die Kulturpessimisten befürchten oder bisweilen sogar zu wünschen scheinen. Zumindest sollte besondere Aufmerksamkeit stets dort walten, wo sexualethische Regelungen drohen, Leiden zu verursachen.

## *Dem Leben dienen*

Wer wie beschrieben zu sich und anderen im Umgang menschlich bleibt und genau deshalb das hohe Gut einer an Liebe gebundenen Lust würdigt, der dient dem Leben: seinem oder ihrem, dem seines oder ihres Partners oder seiner oder ihrer Partnerin und dem der Gesellschaft. Er dient – was eben heute nicht mehr in jedem Sexualkontakt im Blick ist – auch der **Zukunft** des Lebens. Auf dem weiten Feld der menschlichen

Sexualität muss und soll entsprechend dem oben skizzierten Kriterium der Lebensdienlichkeit Sexualität als **mehr als notwendig** angesehen und gewürdigt werden und nicht allein vor dem Hintergrund von Konflikten thematisiert werden. Eine ausgewogene evangelische Orientierung in Fragen der Sexualethik setzt dort an, wo Sexualität durchaus mit den mit ihr verbundenen Herausforderungen und Ambivalenzen zunächst und vor allem in ihrer wohltuenden, lustvollen, spielerischen und spannenden Dimension wahrgenommen werden darf – umso schöner, wenn aus dem Glück von Liebe und Lust neues Leben erwächst.

### *Lernen dürfen*

Zur evangelischen Anthropologie gehört es, dem Menschen gleichzeitig zuzutrauen und ihm zuzumuten, dass er nicht mit sich fertig ist. Lernen bleibt ein konstitutiver Bestandteil der menschlichen Existenz und zwar in allen Phasen und für alle Dimensionen des Lebens. Auch in ihrer Sexualität erleben sich Menschen als Lernende. Dabei geht es nicht darum, bestimmte Lernziele erreichen zu müssen. Vielmehr stellt ein solcher Zugang heraus, dass Sexualität ein weites Erfahrungsfeld eröffnet, das sich Menschen in unterschiedlichen Lebensphasen, in der Verbindung zu anderen Menschen oder durch neue Lebenssituationen immer neu erschließen können. In der eigenen Sexualität lernen zu dürfen, kann bedeuten, dass sie **immer besser »gelingt«** oder dass **Neuanfänge** in ihr möglich sind. Aber auch der Umgang mit **Scheitern oder Trennungen**, so bitter sie auch sein mögen, kann Lernerfahrungen eröffnen.

### *Hoffen auch im Scheitern*

Immer wieder erleben Menschen, dass die Höhen des Lebens erst die Tiefen erfahren lassen und umgekehrt. Ein Menschsein, das Lust und Liebe feiern kann, sieht sich auch stets mit der Möglichkeit des Scheiterns konfrontiert. Das Lustvolle kann zur Belustigung verkommen; manches An- und Erregende führt zur unliebsamen Aufregung; das Ausleben eigener Wünsche kann gesellschaftlich unerwünscht sein oder andere schädigen. In der stetigen Aufgabe, in Christus das menschliche Leben zu feiern und dabei auch den, wie es Luther schrieb, »alten Adam täglich neu ersäufen« zu müssen, liegt die pulsierende und zugleich herausfordernde Spannung, die der Mensch aus evangelischer Sicht nicht selbst lösen kann, doch in der er auf die **Versöhnung – spätestens im Letzten** – hoffen darf. Kommen Menschen durch sexuelle Übergriffe und Gewalt zu Schaden, ist es nachvollziehbar, dass sie Forderungen nach Vergebung und Versöhnung oft als Hohn erleben. Besonders in diesen Situationen muss deutlich werden, dass die vorrangige Sorge den Opfern zu gelten hat und dass Versöhnung – spätestens im Letzten – Gottes Aufgabe bleibt.

# 3. Die Lebenswirklichkeit ist oft anders: Lebensnahe Orientierungen sind gefragt

## 3.1 Gestaltung des Wechselverhältnisses von Sexualität und Liebe

### 3.1.1 Sexualität im Lebenslauf

Sowohl die ethischen Konkretionen des biblischen Menschenbildes als auch die sozial- und kulturwissenschaftlichen Befunde der Sozialanthropologie beschreiben den Menschen als bio-psycho-soziale Einheit, sodass Sexualität als Grunddimension leiblicher Verfasstheit verstanden wird.

Sinnliche **Lust**, auch selbstbezüglicher **Genuss**, sind Grunderfahrungen des Lebens und Basis von Lebendigkeit. Im Genuss ist auch Verzehr enthalten, also die Trennung von dem, was ihn ermöglicht. Genuss ist damit ein Teil der Individuation, ohne die Selbstbestimmung im oben skizzierten Sinne (vgl. Kap. 2.2.3) nicht wachsen kann. Im Spiel der Begierde geht die Andersheit des anderen leicht verloren, wenn auch nur für einen Moment. Wer aber den und das andere immer nur einverleibt, bleibt einsam. Schon der Wunsch, auf Dauer genießen zu wollen, erfordert, den lustvollen Augenblick zu überschreiten. Was seit langem **Eros** genannt wird, führt die Beteiligten im Empfinden zusammen und weist dadurch über den Genuss hinaus. Lust und Genuss haben viel mit Spiel gemeinsam, Eros ist Spiel und Ernst zugleich. Das Spiel reicht in die Zukunft hinein, das Begehren setzt sich dem anderen aus und es beginnt eine gemeinsame Geschichte. Wenn Eros sich mit **Ethos** verbindet, ist **Liebe** im Spiel. Liebe wiederum hat vielfältige Facetten, immer auch das Bedürfnis, für den oder die anderen einzutreten, ihr Leben in Obhut zu nehmen. Liebe verwirklicht sich deshalb am ehesten in längerfristigen Beziehungen und findet einen besonders intensiven Ausdruck, wenn Kinder »ins Spiel kommen«, die einer ernsthaften und sicheren Bindung bedürfen.

Freiwilligkeit, Achtung von Andersheit, Ermöglichung gleicher Verwirklichungschancen, Bereitschaft zur Treue und zum Neuanfang, Verbindlichkeit, Verlässlichkeit und gegenseitige Verantwortung geben dem Genuss wie auch der lustvollen Hingabe einen schützenden Rahmen. Dennoch bleiben Lust, Eros und Liebe eigenwertige Erlebnisweisen und fallen nicht dauerhaft zusammen wie auch Individualität und Sozialität nur in einem dialogischen Verhältnis miteinander lebendig bleiben. Das Bedürfnis nach Zärtlichkeit, körperlicher Lust und Genuss bleibt auch unabhängig von Alter und biographischer Erfahrung bestehen und sucht nach lebendigem Ausdruck und Resonanz. Die Gestaltung von Sexualität in all ihren Facetten ist und bleibt unabhängig von ihrer jeweiligen institutionellen Verfasstheit ein Lernfeld. Weil Sexualität gerade nicht auf Fortpflanzung beschränkt ist, sondern als Quelle der Individuation und Ressource einer nie abgeschlossenen Identitätsentwicklung dienlich ist, braucht auch sie einen längeren Entwicklungsprozess der Kultivierung. Er beginnt in früher Kindheit und ist auch im Erwachsenenalter noch nicht abgeschlossen. Vor dem Hintergrund dieses Bewusstseins soll im Folgenden ein Blick auf die Bedeutung der Sexualität in den einzelnen Lebensphasen gerichtet werden. Dabei werden die Erläuterungen auf die oben (vgl. Kap. 2.4) eingeführten Kriterien einer evangelischen Sexualethik zu den Voraussetzungen und Umsetzungen menschlicher Sexualität bezogen. So geht es in den unterschiedlichen Lebensaltern stets um die Balance von Selbstbestimmung und Bindung als Voraussetzung von Liebe und Sexualität sowie um die Lebensdienlichkeit in der Umsetzung sexueller Aktivitäten. Sexualität bleibt ein lebenslanges Lernfeld.

### *3.1.1.1 Kindheit*

Ist Sexualität eine Grunddimension leiblicher Verfasstheit, dann schließt sie alle Lebensphasen menschlichen Daseins mit ein. Schon früh machen Kinder Erfahrungen mit Sexualität, die bis ins Erwachsenenalter relevant bleiben. Die schon an anderer Stelle erwähnten Körper-, Bedürfnis-, Geschlechts- und Beziehungsgeschichten beeinflussen die allgemeine Persönlichkeitsentwicklung wie auch die sexuelle Entwicklung im Besonderen. So bleibt bis ins hohe Alter eine bleibende Sehnsucht nach einer idealerweise bereits in der Kindheit erfahrenen Geborgenheit und verlässlichen Liebe wach.

Kinder leben ihre Sexualität in verschiedener Hinsicht anders als Erwachsene. Ihre ersten Welterfahrungen beginnen mit dem Körper und die ersten Körpererfahrungen nisten sich im Körpergedächtnis ein, existieren nebeneinander und manchmal zeitgleich das ganze Leben lang. **Körpererfahrungen** wie z. B. Liebkosungen vermitteln das Gefühl der Geborgenheit und des Angenommenseins, eine frühzeitig erfahrene Missachtung kann Ablehnung, Ekel und Angst zur Folge haben. Schon das Herausfallen aus der Mutter-Kind-Symbiose während der Geburt, später das Abstillen und die immer länger währende Unterbrechung des Hautkontakts können vom Kind als schmerzlich erlebt und durch unmittelbare taktile Lusterfahrungen kompensiert werden. Schon hier beginnt die Individuation, die Entwicklung von Vertrauen in sich selbst und eine relative Autonomie, die weder ohne Sinnlichkeit und Erregung noch ohne Affektkontrolle möglich werden.

Die Qualität dieser das Ich stärkenden Lustfunktion von Sexualität hängt vor allem davon ab, ob die individuelle Lust am Genuss entdeckt und verstärkt oder missachtet und negativ sanktioniert wird. Einerseits bleibt bei Missachtung der Lustfunktion diese Quelle von Wohlbefinden unentdeckt oder mit Unwohlsein besetzt. Andererseits geht aus der Missbrauchsforschung hervor, dass die isolierte genitale Reizung Sexualisierung, verstanden als Konzentration sämtlicher Lebensvollzüge auf die Lust, zur Folge haben kann. Ebenso kann körperliche Bestrafung lustvoller Erregung Angstlust hervorrufen und Sexualität auf Gewalt konditionieren.

Kinder entwickeln früh ein deutliches Interesse an den eigenen Geschlechtsorganen und sehr bald auch an jenen der anderen. Wenn Eltern im Kontakt mit ihren Kindern das auf sie gerichtete sexuelle Begehren deutlich begrenzen, ohne zu beschämen, beginnt das **Beziehungslernen**. Im Umgang mit Gleichaltrigen können sich Lern- und Erfahrungsräume eröffnen, in denen Beziehungslust und Intimität entdeckt und bei sich selbst wie bei anderen zu achtende Grundbedürfnisse erfahren werden. Werden die eigene, auch selbst erzeugte Erregung und Beziehungslust weder einseitig verstärkt noch negativ sanktioniert, können das Beziehungslernen und die vielen anderen Formen der Weltaneignung in den Vordergrund treten. Gleich- und andersgeschlechtliche Kontakte eröffnen viele Möglichkeiten, sich in der jeweiligen Geschlechtsrolle auszuprobieren, Verliebtheit zu spüren, Freundschaften einzugehen und die eigene Attraktivität zu testen. Eine wesentliche Herausforderung ist die Entwicklung geschlechtlicher Identität als **Balanceprozess** zwischen dem Wunsch, möglichst alle Gefühle und Verhaltensweisen beizubehalten, die zunächst geschlechtsunspezifisch erlebt werden, und sich gleichzeitig als Mädchen oder Junge zu präsentieren, also geschlechtsspezifische Erwartungen zu erfüllen. Eine Vielfalt der Identifikationsmöglichkeiten im unmittelbaren Umfeld kann das Bestreben der Kinder dabei unterstützen, eine **persönliche Geschlechtsidentität** zu finden.

Die Eltern und andere bedeutsame Bezugspersonen tragen viel dazu bei, ob ihre Kinder mit einem positiven Körpergefühl, Vertrauen in die Befriedigung elementarer Bedürfnisse, sicheren Bindungen und Vertrauen in die eigene Geschlechtsidentität oder mit übertriebener Körperscham, Selbstzweifel und Bindungsangst in das Jugendalter starten. Diese Erfahrungen werden Teil eines sexuellen Skripts, in dem bestenfalls alle Erfahrungen des wohltuenden Hautkontakts, der Lust, des Geborgenseins, des Gekuschelt-, Beschmust- und Geherztwerdens, aber auch der Überwindung von Trennungsschmerz und Autonomie fördernden Affektkontrolle gespeichert sind. Möglicherweise sieht dieses Skript aber auch ganz anders aus und speist sich aus angesammelten Erfahrungen der Abwertung und Verachtung eigener Sexualität. Individuelle Liebes- und Sexualentwürfe existieren vor den ersten expliziten sexuellen Phantasien, autoerotischen oder interaktiven Sexualerfahrungen. Sie werden durch neue Erfahrungen weiterentwickelt. Dazu gehören verschiedene Formen der Selbst- und Fremderkundung, erste erotische und sinnliche Beziehungen, auch Informationen und Bilder aus den Medien. Wie das alles erlebt und verarbeitet wird, hängt davon ab, ob die sexuellen Grunderfahrungen von Selbstbewusstsein und Widerstandskraft oder von Fremdbestimmung und Ängstlichkeit geprägt sind. Die meisten Kinder starten mit einer gehörigen Portion Neugier und Vertrauen in das eigene Bewältigungspotenzial und Beziehungsnetzwerk in die Jugendphase, manche aber auch alleingelassen mit traumatischer Abwehr oder Angstlust allem Neuen gegenüber. Insofern kommen bereits in dieser ersten Phase sexueller Entwicklung die Kriterien von Selbstbestimmung, Andersheit und Gleichheit deutlich zur Geltung. Sie sind die Voraussetzungen dafür, dass die erlernte Sexualität in späteren Beziehungen verbindlich, verlässlich und verantwortlich gelebt werden kann.

#### *3.1.1.2 Jugend*

Mit der Pubertät beginnt für junge Menschen eine ereignisreiche Zeit der Veränderungen von Körper und Seele. Es wachsen der Wunsch nach Selbstständigkeit, aber auch die Angst vor der damit verbundenen Verantwortung sich selbst und anderen gegenüber. Vieles wird heute wesentlich früher erfahren als einige Generationen zuvor. Das gilt für körperliche Veränderungen ebenso wie für seelische Herausforderungen im Kontakt mit Gleichaltrigen und den fast grenzenlosen Zugang zu Bildern und Verhaltensmustern des Beziehungs- und Sexuallebens in unmittelbarer Umgebung und der medial vermittelten Welt. Jetzt müssen sich die Kindheitsmuster bewähren, mit denen Mädchen und Jungen zu Beginn ihrer Jugend die inneren und äußeren Einflüsse verarbeiten. Die Bewältigung der nicht ausbleibenden Zweifel an der Normalität des eigenen Körpers, der Wünsche und Sehnsüchte, auch der moralischen Richtigkeit des eigenen Verhaltens hängt stark von vertrauten Bezugspersonen ab: den Eltern, Geschwistern, aber auch anderen Erwachsenen und gleichaltrigen Vorbildern. Beziehungs- und Sprachlosigkeit gibt es sowohl in äußerlich intakten als auch in sozial deprivierten Familien. Überfürsorge und Vernachlässigung verhindern die Entwicklung eigener moralischer »Leitplanken« für das Sexualleben, die sich nur in einer Spirale von Erfahrung, Nachfühlen, Reflexion und Gespräch entwickeln können, wenn sie Bestand haben sollen.

In den letzten 25 Jahren ist das Alter des ersten Geschlechtsverkehrs bei Jugendlichen gesunken, eine Tendenz, die jedoch seit einigen Jahren zum Stillstand gekommen ist. Zeitpunkt und Intensität der sexuellen Erfahrungen variieren jedoch stark und eine relativ fest umrissene Gruppe von einem Viertel aller Jugendlichen hat mit 17 Jahren noch keinen Koitus erlebt. Die Mehrheit begründet das damit, noch keinen passenden Partner gefunden zu haben, und viele Jugendliche mit einem Migrationshintergrund und muslimischen Glaubens sowie etwa ein Fünftel der Mädchen deutscher Herkunft auch mit moralischen Vorbehalten. Für die Mehrheit gilt jedoch, dass die wesentlichen Unterschiede nicht zwischen, sondern innerhalb der weltanschaulichen und konfessionellen Teilgruppen liegen.

Mehrheitlich wird Sexualität in festen Partnerschaften gelebt, auch wenn die Liebesbeziehungen der Jugendlichen noch eine andere Funktion haben als bei Erwachsenen. Sie dienen als zeitlich begrenztes Übungsfeld für den Erwerb sexueller und partnerschaftlicher Kompetenzen, also auch von Vertrauen und Bindungsfähigkeit, müssen aber noch keine dauerhafte Sicherheit und Unterstützung garantieren. Primäre Erwartung ist die **Meisterung einer Statuspassage**, nicht die Aufnahme einer dauerhaften Beziehung. Ob beide Partner damit zufrieden sind, hängt von der Verständigung über diese Situationsdefinition ab. Bei jenen, die unfreiwillig in kurze sexuelle Begegnungen hineingeraten oder sich durch Alkohol und Drogen hineinmanövriert haben, können Enttäuschungen zurückbleiben, obwohl die meisten Jugendlichen recht erfinderisch sind, fehlgeschlagene Erfahrungen biographisch so einzuordnen, dass sie die Zukunft wenig belasten.

In aufeinanderfolgenden, zunehmend länger andauernden Beziehungen steigt bei der Mehrheit die Intensität von Liebe und Partnerschaft, wird Treue vorausgesetzt und ist das Bemühen sehr ausgeprägt, Trennungen ohne gegenseitige Beschädigungen zu gestalten.

Eine sexuelle Verwahrlosung der Jugend existiert faktisch mehr als mediales Bild und als Angst in den Köpfen von Erwachsenen als in der Realität von Jugendleben. Dennoch bleibt ein ernst zu nehmendes Unbehagen zurück und die moralische Qualifizierung von Eltern und Heranwachsenden ist als notwendig zu erachten, weil es Milieus der sozialen und emotionalen Verwahrlosung gibt, in denen auch die Sexualität in den Strudel der Deprivation hineingezogen wird. Vieles wird schon Kindern verweigert, was sich dann in den jugendlichen Gleichaltrigengruppen fortsetzt: **Wissen und Sprachkompetenz** zur eigenen Sexualität, die **Modellierung der Affekte** als Grundlage für moralisches Handeln und **Schutz vor sexueller Fremdbestimmung**. Letzteres ist nicht beschränkt auf materiell deprivierte Milieus, sondern kommt auch in bessergestellten, sogar in äußerlich religiös gefestigten Familien oder pädagogischen Einrichtungen vor. Bisherige Studien weisen darauf hin, dass nicht ein aufgeklärt-selbstbestimmtes Sexualverhalten, sondern im Gegenteil Unwissenheit, mangelnde Kompetenz im Umgang mit den eigenen Gefühlen und unterentwickelte Wehrhaftigkeit angesichts sexueller Übergriffe eine Gefahr darstellen.

### *3.1.1.3 Mittlere Lebensphase des Erwachsenenalters*

Die biographische Spanne zwischen dem 20. und 60. Lebensjahr umfasst eine höchst differenzierte soziographische Population mehrerer Generationen und beinhaltet für die meisten Menschen eine Vielzahl sexueller Ereignisse und Entscheidungen. Ihr Verlauf ist stark abhängig von den Erfahrungen und sexualmoralischen Orientierungen, die in der Jugendzeit erworben wurden.

Insgesamt ist Sexualität für die meisten Erwachsenen wichtig, aber nicht sehr wichtig. Das kann als Bedeutungsverlust gegenüber der Jugendzeit interpretiert werden, aber auch als Distanz zur allgegenwärtigen Präsentation des Sexuellen in der Öffentlichkeit, ein Sich-Wehren gegen den Leistungsdruck, die Beliebigkeit und Oberflächlichkeit. Die oft vermutete Entpersönlichung der Sexualität hält einem Blick auf die Wirklichkeit jedenfalls nicht stand. Die meisten Erwachsenen wünschen sich eine Partnerschaft, kämpfen für den Erhalt ihrer Beziehung und keine Studie kann belegen, dass immer mehr Menschen leichtfertig ihre Partner oder Familien verlassen. Nahezu alle Partnerschaften werden freiwillig eingegangen, suchen und respektieren die Andersheit des anderen und gehen wie selbstverständlich von gleichen Verwirklichungschancen beider Partner aus. Die Leitkriterien sind Verbindlichkeit, Verlässlichkeit und Verantwortung. Auch wenn die Ehe schon lange nicht mehr die einzige Form des familiären Zusammenlebens repräsentiert, sondern weniger institutionalisierte Lebenspartnerschaften und Familienformen wie Patchwork- und Einelternfamilien hinzugekommen sind, ist **kein Beziehungsüberdruss** auszumachen. Auch nicht wegen der oft vermuteten überhöhten Ansprüche an die Sexualität, denn die meisten wissen, dass die sexuelle Aktivität von Singles wesentlich niedriger ist als jene von partnerschaftlich Gebundenen. Sexualität gehört für die meisten Frauen und Männer zu einer Liebesbeziehung, ist aber nicht das Einzige, was sie zusammenhält, sondern sie ist in der Regel eingebettet in das Gesamt der Lebensaktivitäten von Paaren. Dominant ist die **Beziehungs- und Intimitätsfunktion** von Sexualität; es werden Nähe und Vertrautheit gegeben und empfangen, die auf diese unmittelbare Weise nicht anders zu finden sind. Das ist auch nicht verwunderlich angesichts der vielen beruflichen und persönlichen Entwicklungsaufgaben, die in einer immer unberechenbarer werdenden Welt zu bewältigen sind und den Wunsch nach privater Stabilität nähren.

Vieles von dem, was die Sehnsucht nach Partnerschaft fördert, kann aber gleichzeitig als Bedrohung langfristiger Bindung angesehen werden: An verschiedenen Orten zu leben und zu arbeiten, zwei berufliche Karrieren und Kindererziehung miteinander zu vereinbaren, möglicherweise auch Arbeitslosigkeit zu verarbeiten, verschiedene Lebensstile wechselseitig zu achten und doch Gemeinsames zu entwickeln, das alles kann zusammenschweißen und ebenso eine Beziehung, das Gefühl zueinander, belasten. Gerade weil sexuelle Gestimmtheit mit allen Gefühlen, Wünschen und Sehnsüchten zusammenhängt, ist ihre Qualität und Wirkung nicht unabhängig von der Lebensrealität einer Partnerschaft. Die beschriebene Gelassenheit angesichts der Bedeutung von Sexualität ist eine mögliche Reaktion auf temporäre oder dauerhafte Motivationsprobleme. Gleichzeitig sind – trotz aller Einsicht in die medialen Übertreibungen – die **Erwartungen an eine befriedigende Sexualität auch gestiegen**, sodass sich der Mangel an Quantität und Qualität über lange Zeit nicht einfach suspendieren lässt. Die medialen Erregungsangebote und die Praxis der Autoerotik als eigenständige Lustquelle, seltener auch zeitlich begrenzte sexuelle Begegnungen mit anderen Menschen, ermöglichen vielen eine zumindest partielle Trennung zwischen partnerschaftlicher Beziehung und sexueller Befriedigung. Das kann die Beziehung entlasten, aber auch zur Trennung führen. Menschen können sich nicht über ihre Möglichkeiten hinaus binden, auch wenn sie Bindungen als ihre Möglichkeit nicht nur mögen, sondern sehnlichst erwünschen. Das führt meist zu neuen Beziehungen. Trennungen sind meist ein Scheiden, aber nicht immer Scheidungen, weil nicht immer eine Ehe bestand. Geschiedene gelten im öffentlichen Bewusstsein oft als gescheitert und geschädigt, weniger als erfahrene Persönlichkeiten, die auch sexuell Wertvolles in eine neue Beziehung einbringen können. In Beratung und Seelsorge lohnt es sich immer, Trennungserfahrungen zum Thema zu machen, um angemessenen Beistand zu leisten.

Von speziellen Glaubensgruppierungen abgesehen gilt, dass zwischen Gläubigen verschiedener Konfessionen sowie zwischen kirchlich und nichtkirchlich Gebundenen in Bezug auf sexuelles Verhalten weniger Unterschiede bestehen als allgemein angenommen. Auch für den Zusammenhalt einer Beziehung ist bei den meisten Menschen die **Religionszugehörigkeit** nicht von Bedeutung. Erst zusammen mit anderen Merkmalen wie Migrationshintergrund, Bildung, Lebensmilieu und territorialen Traditionalismen kann auch Religion das Beziehungs- und Sexualverhalten differieren. Religiosität ist damit aber nicht unwesentlich. Sie fördert bestimmte moralische Wertungen, auch gemeinsam getragene Grundüberzeugungen. Sexualmoralische Normen sind am einflussreichsten, wenn sie sich mit allgemeinen Gerechtigkeitsvorstellungen vereinbaren lassen. So haben sich Frauen und Männer auch aufgrund der evangelischen Haltung zur Geschlechtergerechtigkeit in ihren Einstellungen zu Partnerschaft und Sexualität angenähert, wenn auch in verschiedenen gesellschaftlichen Bereichen noch deutliche Ungleichheiten bestehen, die für evangelische Christen immer noch eine Herausforderung darstellen.

#### *3.1.1.4 Alter*

Sexualität im Alter ist immer noch ein schwieriges, mit Tabu behaftetes Thema. Lange wirkt noch das Bewusstsein von der traditionellen Abfolge der Lebensphasen nach, die sich an einer biologisch begründeten Generativität orientierte. So lange Sexualität vorzugsweise der Zeugung diente und in der Ehe ihren sittlichen Ort hatte, gehörte sie folgerichtig in das frühe Erwachsenenalter. Jugend diente der Vorbereitung, im Alter hatte die Umwandlung in Fürsorge zu erfolgen. Einhergehend mit dem Prozess der Isolation und Vereinzelung im Alter wird die Gestaltung des Liebeslebens, das Erleben sinnstiftender Fülle durch solche Zuschreibungen erschwert. Ältere Menschen haben oft nicht gelernt oder die jeweiligen Bedürfnisse unterdrückt, sinnlich zu lieben, Lust und Genuss zu erleben. Stattdessen wurde zumindest in der Öffentlichkeit oftmals propagiert, dass primär das Sorgen, Verantworten, Geben, Beschützen und das selbstlose Dienen vorrangige Aufgabe dieses Lebensabschnittes sei. Wenn Ältere in der Öffentlichkeit Zärtlichkeiten austauschen, wirkt das auf viele Menschen immer noch befremdlich und viele ältere Menschen schämen sich ihrer sexuellen Wünsche, weil sie sie von ihrer Umgebung und besonders auch von den eigenen Kindern nicht akzeptiert glauben.

Männer und Frauen werden dabei gesellschaftlich unterschiedlich beurteilt. Viele äußerliche Merkmale wie Falten und graue

Haare gelten bei Frauen als stärker attraktivitätsmindernd als bei Männern. Nicht selten kommt es dabei zu dem Phänomen, dass Männer ihren Frauen die Schuld am Erlöschen der Potenz geben und sich mitunter eine jüngere Partnerin suchen. Zugleich lässt sich beobachten, dass Frauen ihre sexuellen Bedürfnisse denen des Mannes unterordnen. Sie fühlen sich nicht mehr begehrenswert und finden sich klaglos mit seinem sexuellen Desinteresse ab, hinter dem sich vielleicht uneingestandene Potenzprobleme verbergen.

Zugleich sorgt die gesellschaftlich-ökonomische Entwicklung für die Auflösung sehr vieler traditioneller Füllungen der Lebensalter, aber die Freisetzung reduziert sich leicht auf neue Konsummuster. Suggeriert wird, dass äußere sexuelle Attraktivität vom Makel des Alters befreie, als könne man sich auch als alter Mensch selbst gestalten und selbst erlösen von allem, was nicht liebenswert und nicht erotisch macht. Minderwertigkeitsgefühle, Partnerschaftskonflikte und Frustrationen können die Folge sein, wenn sich das eigene Konzept der sexuellen Identität daran ausrichtet.

Dabei werden leicht alle bio-psychischen Besonderheiten außer Acht gelassen, die rhythmischen Entwicklungsverläufen eigen sind, und es kommt nicht selten zu einem Umschlag in die Verabsolutierung von Sexualität. Die Einsicht, dass Sexualität eine alle Lebensspannen durchziehende Dimension menschlichen Lebens ist, wird zu der Illusion radikalisiert, ein Leben lang nach vorgegebenen Mustern immerwährender Erregungssuche lieben und sexuell aktiv sein zu müssen.

**Das Alter bringt Veränderungen mit sich, nicht aber zwangsläufig das Ende der Sexualität.** Studien machen deutlich, dass

Sexualität auch im Alter eine große Variationsbreite aufweist und weitgehend davon abhängt, welche Rolle sie bisher im Leben spielte. Wenn es faktisch auch überwiegend so ist, muss die Beendigung des Geschlechtsverkehrs nicht gleichbedeutend sein mit der Beendigung der gemeinsamen sexuellen Aktivität eines Paares – es gibt andere Ausdrucksformen wie z. B. Küssen, Streicheln, Umarmungen, manuell-genitale oder oral-genitale Kontakte. Körperliche Veränderungen bedingen einen notwendigen Wandel, aber es gibt nur wenige Krankheiten, die zur Aufgabe aller Facetten der Sexualität zwingen. Die meisten Formen der Sinnlichkeit, insbesondere die taktile Sensibilität, lassen keineswegs nach, Hauthunger bleibt bis ins hohe Alter erhalten.

Aufgrund einer höheren Lebenserwartung der Frauen und der Tatsache, dass Frauen immer noch oft mit etwas älteren Männern Beziehungen eingehen und diese mit 65 Jahren noch überwiegend verheiratet sind, ist es für ältere Frauen schwieriger, einen neuen Partner zu finden als für Männer. Insofern hilft auch in diesem Alter ein breites Verständnis sexueller Erlebnisweisen, um eine gewandelte, aber dennoch erfüllte Sexualität zu leben. Viele ältere Menschen nehmen eine liebevolle Beziehung zu ihrem Körper auf, und die damit verbundenen positiven Emotionen können unangenehme Erfahrungen kompensieren. Alterssexualität ist nicht nur ein Echo bisher gelebter Sexualität, sondern ist potenziell auch offen für ganz neue Erfahrungen. Reife, Verstehenkönnen und Milde bieten einen großzügigen Erlebnisraum für die Erweiterung der Liebesfähigkeit und Liebeslust. Es bleibt nicht zwangsläufig nur der gekaufte Jugendlichkeitswahn, jede und jeder kann ohne Schablonen altern, wenn es gelingt, bei sich selbst zu bleiben und sich kritisch zu gesellschaftlichen Zuschreibungen ins Verhältnis zu setzen. Dazu bedarf es aber eines äußeren Ausgangspunkts, zu dem ein christlicher Glaube viel beitragen kann. Dazu bedarf es auch einer Anerkennungskultur, eines Kontextes, in dem sich alte Menschen im anderen spiegeln und stabilisieren können, wenn Ungewohntes und Neues gewagt wird. Überall in den Institutionen des Erziehungs-, Bildungs- und Gesundheitswesens sind solche Innovationsinseln von Gleichgesinnten möglich, auch in der Kirche.

### 3.1.2 Lebenssituationen und Lebenskontexte

#### *3.1.2.1 Sexualität und Behinderung*

Grundsätzlich sind Menschen mit Behinderung so unterschiedlich wie Menschen ohne Behinderung. Viele Menschen mit einer Behinderung leben eine erfüllte Sexualität mit den gleichen Fragen, Sorgen und Freuden wie andere Menschen auch. Die Behinderung spielt eine unterschiedlich große Rolle für Fragen der Sexualität. Die beste Voraussetzung dafür, gemeinsam Lösungen für eine Integration der Behinderung in die Sexualität zu finden, ist es, wenn Menschen mit einer Behinderung und ihr Partner oder ihre Partnerin eine gemeinsame Klarheit über die einer Behinderung beigemessene Bedeutung finden und sie über ihre sexuellen Wünsche offen sprechen können.

Doch »Behinderung« ist wie auch »Geschlecht« (vgl. Kap. 2.3.7) eine für die Sexualethik wichtige Kategorie, weil es in diesem Bereich eine lange Tradition der Tabuisierung von Sexualität (und Elternschaft) von Menschen mit Behinderung gibt. Vor allem Menschen mit einer geistigen Behinderung wurde

**sexuelle Selbstbestimmung** nicht zugestanden; in der Folge wurden sie verkindlicht und in ihren Verwirklichungschancen eingeschränkt. Sexuelle Bedürfnisse wurden häufig auch den Menschen abgesprochen, die aufgrund ihrer Behinderung auf die Hilfe Dritter angewiesen sind, um sexuelle Bedürfnisse zu befriedigen.

Eine Position zu dieser Tradition zu finden, ist auch deswegen so wichtig, weil Menschen mit Einschränkungen in vielfachen Abhängigkeiten leben, wenn sie in der Gestaltung ihres Lebens auf fremde Hilfe angewiesen sind. Hier verantworten andere, fremde Menschen, ob und wie Sexualität mit einer Behinderung gelebt werden kann. Darf ihnen die gute Gabe Gottes vorenthalten werden? Gibt es ein »Recht auf Sexualität«? Oder allgemeiner: Gibt es ein Recht auf Liebe? Der Anspruch der Anerkennung von Vielfalt fordert dazu auf, der gravierenden Ungleichheit und Benachteiligung bei den Chancen, selbstbestimmt und eigenständig sexuelle Beziehungen einzugehen und sexuelle Wünsche zu leben, entgegenzuwirken und eine einseitige Abhängigkeit nicht zur Unterdrückung werden zu lassen. Gleichstellung beinhaltet gerade, dass Menschen auf der Basis ihrer ungleichen Ausgangsvoraussetzungen in die Lage versetzt werden, ihre persönlichen Fähigkeiten frei zu entwickeln und zu entfalten – und die ungleichen Voraussetzungen sind hier durch die jeweils spezifische Behinderung charakterisiert. Menschen mit Behinderung sollen in die Lage versetzt werden, erfüllte Sexualität so zu leben, wie sie es mit guten Gründen entscheiden können und ohne ihre Selbstachtung infrage zu stellen. Werte, die hier berührt werden, sind Selbstbestimmung, Würde, Lebensdienlichkeit, aber auch Respekt vor Andersheit, Anerkennung von Vielfalt und der Abbau von Angst und Macht.

### *Sexualität und Selbstbestimmung bei Menschen mit geistiger Behinderung*

Die Tabuisierung von Sexualität und eine sexualfeindliche oder sexualitätsferne Erziehung von Menschen mit geistiger Behinderung wurde mit dem Schutzgedanken begründet: Menschen mit geistiger Behinderung besäßen keine Einsicht in ihr Tun, sie könnten gar nicht über sich selbst bestimmen, sondern wären ihrer Sexualität und der anderer ausgeliefert und müssten vor Sexualität geschützt werden. Begründet wurden damit u. a. die Geschlechtertrennung in Einrichtungen, eine alles »Aufreizende« vermeidende Alltagsgestaltung, eine systematische Überwachung sowie Bestrafungen für sexuelle Ausdrücke und Handlungen, die abschrecken sollten. Hier wird auf ein Bild von geistiger Behinderung Bezug genommen, das die »vernünftige Kontrolle« von Affekten und sexuelle Selbstbeherrschung als Maßstab für Selbstbestimmung setzt und feststellt, dass Menschen mit geistiger Behinderung dem nicht genügen.

Zum einen unterschätzt dies ihre »Bildbarkeit« bezogen auf sexuelles Empfinden und Handeln und die Rolle der Sexualpädagogik. Zum anderen wird der Begriff der Selbstbestimmung verkürzt verwendet. Eine theologisch-ethisch angemessenere Gegenposition besagt, dass jeder Mensch als leibliches Wesen zur Selbstbestimmung fähig ist und Selbstbestimmung nicht ausschließlich von dem rechtlichen Begriff der Einsichtsfähigkeit her zu begründen ist, sondern den Verbund von Denken und Fühlen einbeziehen soll. Dies entspricht auch der aktuellen Diskussion zur Inklusion von Menschen mit Behinderung: Sie sollen nicht möglichst gut dem Maßstab der Nichtbehinderten folgen, sondern die Andersheit und der Eigensinn von Menschen mit Behinderung sind anzuerkennen. Die **Anerkennung dieses »Eigensinns«** ist die Voraussetzung dafür, ihnen Würde zuzuerkennen. Eine konsequente Folge ist es, Menschen mit geistiger Behinderung eine Privat- und Intimsphäre einzuräumen, über die sie selbst verfügen können, und ihnen die Möglichkeit zu geben, andere Menschen kennenzulernen und Beziehungen aufzubauen.

Diese Position ist eine Herausforderung, weil sie verlangt, solche sexuellen Handlungen auf ihre Lebensdienlichkeit hin einzuschätzen, die möglicherweise mit einem anderen Eigensinn als den eigenen Vorstellungen verbunden sind. Die pädagogische Verantwortung wird durch das Einräumen einer Privatsphäre und durch die Toleranz für Andersheit nicht außer Kraft gesetzt, im Gegenteil, denn ethische Werte sind auch unter den Bedingungen einer zugestandenen Intimsphäre und Selbstbestimmung zu wahren und verlangen gegebenenfalls ein pädagogisches Gestalten und Einschreiten. Diese Werte sind vor allem die Ermöglichung von Beziehungen und der Schutz vor sexuellen Übergriffen (vgl. Kap. 3.1.2.2). Der generelle Schlüssel der Diskussion um Sexualität und Behinderung liegt darin, inwieweit Menschen mit Behinderung in ihrer Gemeinsamkeit mit Menschen ohne Behinderung und zugleich in ihrer Andersheit anerkannt und ihnen faktische Verwirklichungschancen bezogen auf Sexualität eingeräumt werden. Ohne diese Anerkennung *sind* diese Menschen nicht behindert, sondern sie *werden* darin behindert, Sexualität als gute Gabe zu leben.

*Sexualassistenz als Streitpunkt*

Unter dem Stichwort der »Sexualassistenz« wird die Frage diskutiert, ob es ethisch vertretbar oder ob es sogar geboten ist, Menschen mit einer Behinderung, die keine feste Partnerschaft haben und die bei der Erfüllung sexueller Bedürfnisse auf Dritte angewiesen sind, mit »gekaufter Sexualität« zu unterstützen. Einerseits gelten hier die gleichen Aspekte wie bei der Prostitution (vgl. Kap. 3.2.3), andererseits erfordert die Angewiesenheit auf Hilfestellungen bei Menschen mit Behinderungen eine andere und differenzierende Betrachtungsweise. Sexualassistenz stellt ein besonderes, professionelles Segment der personenbezogenen Dienstleistungen dar. Unter Berufung auf das allgemeine Persönlichkeitsrecht will sie zur Entfaltung der selbstbestimmten Sexualität beitragen. Inhaltlich umfasst passive Sexualassistenz sexuelle Aufklärung und Beratung zu Fragen der Sexualität, Besorgen und Zureichen von Hilfsmitteln, Vermittlung in Beratungsstellen und Reflexion. Passive Sexualassistenz gestaltet so vor allem den Rahmen für das Erleben von Sexualität. Bei der aktiven Sexualassistenz sind die Dienstleistenden in eine sexuelle Situation handelnd mit einbezogen. Sexualassistenz versteht sich nicht als Ersatz für eine Partnerschaft.

Menschen mit Behinderung sexualpädagogische Aufklärung und Beratung im Sinne **passiver Sexualassistenz** vorzuenthalten, lässt sich nicht rechtfertigen. Im Gegenteil: Hier wird ein großer Nachholbedarf gesehen. Aufklärung und Beratung werden als Basis lebensdienlicher, angstfreier und zugewandter Sexualität für alle Menschen angesehen – und das gilt selbstverständlich auch und besonders für Menschen mit Behinderung. Für Menschen mit geistigen Behinderungen wurden spezielle

Vermittlungsformen entwickelt und es wird dazu geraten, aktiv-zugehend und lebenslang begleitend Aufklärung durch speziell geschulte Sexualpädagogen und Sexualpädagoginnen zu verankern. Sexualpädagogik und eine Enttabuisierung von Sexualität befähigen nicht nur zum positiven und angstfreien Erleben von Sexualität, sondern sie sind auch zentral, um sexuellen Übergriffen vorzubeugen. Menschen mit Behinderung zu schützen, kann heute nicht mehr heißen, das Thema Sexualität zu tabuisieren, sondern sexuelle Sprachfähigkeit und die Fähigkeit zu vermitteln, zwischen guten und nicht guten sexuellen Handlungen zu unterscheiden und »Nein« und »Stopp« zu sagen (vgl. Kap. 3.3).

Wenn zur Sexualberatung auch Informationen über technische Hilfsmittel gehören, die sexuelle Lust ermöglichen, so ist die Frage, wo die Grenze gezogen wird, wenn die »Hilfsmittel« Personen sind, die aktive Sexualassistenz leisten. Die ethischen Fragen der Selbstbestimmung und der Bindung sowie der Verantwortung und der Lebensdienlichkeit stellen sich hier noch einmal anders. Aufgabe der Sexualassistenz ist es, **professionelle Distanz und menschliche Zuwendung** miteinander zu verbinden und klarzustellen, dass es sich nicht um eine Partnerschaft handelt. Dies mag den Wünschen der Adressaten und Adressatinnen entsprechen, doch möglicherweise wünschen sich Menschen, denen assistiert wird, eher einen Partner oder eine Partnerin oder sie verlieben sich – der eigentliche Wunsch nach Zuwendung und Liebe bleibt unerfüllt. Sexualassistenz wird in solchen Fällen zu einer technisch-distanzierten Hilfe, weil das menschliche Bedürfnis auf einer anderen Ebene liegt.

Unter dem Aspekt einer angestrebten Normalisierung und Inklusion von Behinderung wird auch kritisch diskutiert, dass es sich bei der Sexualassistenz um eine (teure) Sonderbehandlung handelt. Auch bei der Ausführung der Sexualassistenz sind ethische Kriterien zu prüfen. Die Grenze zum sexuellen Übergriff ist eng zu ziehen und es ist dafür Sorge zu tragen, dass die Situation nicht zu einem Missbrauch auf einer der beiden Seiten führt. Aus diesem Grund sollen z. B. keine Angehörigen oder regulären Betreuer und Betreuerinnen Sexualassistenz leisten, und Sexualassistenten und -assistentinnen sollen ihre eigenen Grenzen wahren, wenn es um die Erfüllung von sexuellen Wünschen der Betreuten geht.

#### *3.1.2.2 Sexualität in Lebensräumen ohne Privatsphäre*

Was im Privaten an Sexualität erlaubt ist, kann in der Öffentlichkeit gegen Scham- und Anstandsgefühle verstoßen. Diese Gefühle und Regeln stehen nicht ein für alle Mal fest, sondern fallen je nach Kultur, Gesellschaft und historischer Epoche unterschiedlich aus. So war in den westlichen Kulturen im Mittelalter Sexualität öffentlicher, erst später entwickelten sich Scham- und Peinlichkeitsschranken und Sexualität »zog sich in das Schlafzimmer zurück«. Heute gilt der öffentliche Raum als unangemessener Ort für Sexualität.

Das wirft eine Reihe von Fragen auf. Dabei wird im Folgenden die Einschränkung von Selbstbestimmung und Privatsphäre – sie sind Voraussetzungen für das angstfreie Leben sexueller Beziehungen – unter ethischer Perspektive diskutiert. Solche Beschränkungen kommen z. B. in **Pflegeeinrichtungen, Heimen, Kasernen oder Gefängnissen** vor und sind besonders einschneidend für Menschen, die dort über einen längeren Zeitraum oder dauerhaft untergebracht sind. Im Alltag in diesen Institutionen wird Sexualität oft ausgeblendet. Das bedeutet aber nicht, dass die Einrichtungen »sexualitätsfrei« wären. Für die Bewohner und Bewohnerinnen bzw. die Betreuten ist Sexualität ein Thema und ein Bedürfnis, auch dann, wenn es keinen privaten Raum gibt, um sie zu leben.

Die Einschränkung von Selbstbestimmung und Privatsphäre kommt einem Verbot von Sexualität oder einer Abdrängung des Sexuellen in Heimlichkeit gleich. Wie ist das zu begründen? Ist es gerechtfertigt, den Betreuten Sexualität und intime Beziehungen als gute Gabe Gottes vorzuenthalten? Schadet die Praxis in Bezug auf eine ethische Vorstellung, wie gute Sexualität gelebt werden soll, mehr als dass sie nutzt? Erzeugt sie eine Form von Sexualität, die den ethischen Kriterien nicht genügt?

Ein Beispiel sind Einrichtungen der Behindertenhilfe (vgl. Kap. 3.1.2.1). Es wurde bereits begründet, warum eine Privatsphäre ermöglicht und Gelegenheit geboten werden muss, in selbstbestimmter und beziehungsfördernder Weise Sexualität zu leben und eine Partnerschaft einzugehen. In der Aufarbeitung des Vorkommens von sexuellen Übergriffen in Heimen, Internaten oder Einrichtungen der Behindertenhilfe konnte nachgezeichnet werden, dass eine Tabuisierung von Sexualität – und noch deutlicher eine Bestrafung sexueller Kontakte – dazu führen, dass eine eigene, verschwiegene Subkultur sexualisierter Beziehungen ohne eine Vertrauensbasis, belastet mit Ängsten, Gerüchten, Andeutungen und eigenen Machtstrukturen entsteht. Die Abdrängung des Sexuellen in eine zwielichtige **Sphäre der Heimlichkeit und Angst vor Strafen** verhindert die Mitteilung sexueller Übergriffe an Mitarbeiter und Mitarbeiterinnen und macht die Opfer von Übergriffen in besonderer Weise schutzlos. Wenn das Bekanntwerden sexueller Aktivitäten auf das Opfer selbst zurückfällt, ist es in besonderer Weise von dem Täter erpressbar. Während also die Ermöglichung von Privatheit mit Selbstbestimmung und dem Schutzgedanken verbunden ist, führen Angst vor Entdeckung und Heimlichkeit eher zu Abhängigkeiten, Erpressbarkeit und Schutzlosigkeit. Erzeugt werden sexuelle Formen, die nicht den theologisch-ethischen Kriterien der Voraussetzung, des Vollzuges und der Folgen sexuellen Lebens genügen. Allerdings fällt es vielen Einrichtungen schwer, einen nicht tabuisierenden Umgang mit Sexualität zu etablieren (vgl. auch Kap. 3.3).

In besonderer Weise ist hier eine **sexualpädagogische Begleitung** notwendig, sowohl für die Betreuten als auch für die Einrichtungen, um Beziehungen und Selbstbestimmung im Spektrum der Würde zu ermöglichen, Selbstüberforderung zu vermeiden und allen Beteiligten den notwendigen Schutz zu gewähren (vgl. Kap. 2.3.5).

### *3.1.2.3 Sexuelle Beziehungen in der Arbeitswelt*

Am Arbeitsplatz und in Ausbildungseinrichtungen begegnen sich Menschen in ihren beruflich-öffentlichen Rollen, in ihren Funktionen und Positionen. Die Arbeit steht im Vordergrund und Liebesbeziehungen sind nicht immer erwünscht. Arbeitgeber und Arbeitsgerichte argumentieren mitunter bei der Rechtfertigung einer Versetzung oder Kündigung im Fall einer sexuellen Beziehung zu Kollegen und Kolleginnen mit den praktisch-ökonomischen Folgen und setzen als Bedingung für Toleranz, dass die effiziente Arbeit und das Betriebsklima nicht leiden. Gleichwohl ist es weit verbreitet, dass sexuelle Spannungen am Arbeitsplatz entstehen. Immerhin hat eine Bevölkerungsbefragung festgestellt: Ein knappes Fünftel der Frauen und Männer hatte schon einmal eine Liebesbeziehung am Arbeitsplatz und viele haben ihre Partner oder Partnerinnen am Arbeitsplatz kennengelernt. Auch die Schule als Einrichtung schließt das sexuelle, praktische Interesse heranwachsender Schülerinnen und Schüler aus. Dennoch tauschen sich diese untereinander über Fragen der Sexualität aus, erproben ihre Attraktivität und bilden erste Paare.

Arbeitsplatz und Schule gelten so zwar nicht als »angemessene« Orte, um Sexualität zu leben oder sichtbar werden zu lassen, aber es gibt dort keine Abstinenz von symbolisch oder faktisch gelebter Sexualität. Sexualität lässt sich eben nicht auf den privaten Raum begrenzen, sondern ist überall (potenziell) präsent, wo Menschen sich begegnen. Gemäß der Merkformel »Menschlich bleiben!« und begründet mit dem Wert von Selbstbestimmung können sexuelle Beziehungen am Arbeitsplatz – die Betrachtung soll sich darauf beschränken, weil zu Jugendlichen in der Schule noch weitere Überlegungen anzustellen sind – nicht pauschal ethisch verurteilt werden. Auch rein rechtlich können sexuelle Beziehungen zu einem Kollegen oder einer Kollegin in einem Arbeitsvertrag vom Arbeitgeber nicht ausgeschlossen werden, denn dies verstößt gegen das Allgemeine Persönlichkeitsrecht, das die Privatsphäre schützt. Die intimen Beziehungen werden also auch am Arbeitsplatz und in der Öffentlichkeit als **private Angelegenheiten und Ausdruck der Selbstbestimmung** verstanden. Im Übrigen gilt dies auch für die sexuelle Orientierung der Mitarbeiter und Mitarbeiterinnen.

Wenn sexuelle Beziehungen am Arbeitsplatz auf diese Weise als Privatangelegenheit prinzipiell toleriert werden sollten, dann kann es doch Gründe geben, sie einzuschränken. Grundsätzlich müssen die Beziehungspartner zwischen der privaten und der Arbeitsebene trennen können. Probleme gibt es, wenn die Beziehungspartner zwischen der privaten und der Arbeitsbeziehung nicht trennen und dem Partner oder der Partnerin sachlich nicht gerechtfertigte **Bevorzugungen** nur aufgrund der persönlichen Verbindung zukommen lassen. Das widerspricht nicht nur Regeln, die in der Arbeitswelt gelten, sondern würde auch dann als unmoralisch gelten, wenn eine Beziehung um solcher Bevorzugungen willen eingegangen wird.

Vor dem Hintergrund der entwickelten Kriteriologie sind darüber hinaus folgende Aspekte festzuhalten: Erstens sind berufliche Abhängigkeitsverhältnisse oftmals so organisiert, dass die Beteiligten auf unterschiedlichen Hierarchiestufen zusammenarbeiten und zwischen ihnen ein **Machtgefälle** besteht. Die Gefahr besteht hier, dass sexuelle Kontakte unter Ausnutzung der Machtposition eingefordert und angebahnt werden. Sie beruhen dann nur eingeschränkt auf Freiwilligkeit und Gegenseitigkeit als Achtung vor Andersheit. Wie heikel dies ist, sieht man auch daran, dass für die Positionen mit der größten und mit der geringsten Macht häufig besondere Bestimmungen gelten: In großen Unternehmen wird von Führungskräften in strengerer Weise Abstinenz bezogen auf sexuelle Beziehungen am Arbeitsplatz verlangt als von Mitarbeitern und Mitarbeiterinnen auf niedrigeren Ebenen. Sexuelle Beziehungen zu schutzbefohlenen Minderjährigen und Auszubildenden sind prinzipiell unstatthaft. Wo dies trotzdem geschieht, werden die Vollzugskriterien der Lebensdienlichkeit und des Schutzes der Beteiligten unterlaufen, sodass statt von sexuellen Beziehungen von sexueller Belästigung gesprochen werden muss (vgl. Kap. 3.3).

Restriktive Regelungen, die die Selbstbestimmung einschränken und die Privatsphäre tangieren, dienen hier dem Schutz der Mitarbeiter und Mitarbeiterinnen vor sexueller Ausbeutung und Ausnutzung ihrer Abhängigkeit. In Schulen und Hochschulen mit einer Hierarchie von Lehrenden und Lernenden, in Einrichtungen des Gesundheitswesens und der Behindertenhilfe mit der Hierarchie von Pflegenden und Gepflegten und in Einrichtungen der Justiz und Resozialisierung mit einer Hierarchie von Aufsehern und Aufseherinnen und Inhaftierten stehen zudem die dort lebenden oder sich dort aufhaltenden Menschen aus unterschiedlichen Gründen in einem besonderen Abhängigkeitsverhältnis. Angesichts der großen Asymmetrie gelten sexuelle Beziehungen über die Hierarchie hinweg prinzipiell als problematisch, um die Personen in einer schwächeren Position zu schützen. In der Therapie und ärztlichen Behandlung gelten wegen des stark asymmetrischen Verhältnisses strenge Abstinenzregeln (vgl. Kap. 2.3.5).

Die Voraussetzungskriterien der Freiwilligkeit und gleicher Verwirklichungschancen, aber auch die Vollzugskriterien der Lebensdienlichkeit und des Schutzes der Beteiligten werden dort unterlaufen, wo eine sexuelle Aktivität als »Anmache« oder als Belästigung am Arbeitsplatz empfunden wird. Als **sexuelle Belästigung** am Arbeitsplatz gelten z. B. mit sexuellen Bedeutungen versehene Handlungen von Menschen gegenüber anderen Menschen – körperliche Berührungen, Bemerkungen mit einem sexuellen Inhalt, Verbreiten von Gerüchten über das Sexualleben von Kolleginnen und Kollegen oder Aufforderungen zu sexuellen Handlungen – dann, wenn sie von den Betroffenen als unerwünscht und geeignet empfunden werden, sie als Personen herabzuwürdigen.

Opfern sexueller Belästigung stehen in der Regel Beschwerde- und Klagemöglichkeiten zu. In der konkreten Praxis kann eine Beschwerde aber für Opfer zu einem Bumerang werden, wie Untersuchungen zu dem Umgang mit Vorwürfen sexueller Belästigung bei der Polizei gezeigt haben, die sich aber auf Organisationen von einem ähnlichen Typus verallgemeinern lassen. Jeder Arbeitsbereich hat Regeln für den Umgang der Mitarbeiterinnen und Mitarbeiter untereinander; in bestimmten Arbeitsbereichen können dies »raue Sitten« sein. Wer dazu gehören will, muss das akzeptieren; wer die Umgangsformen ablehnt oder sogar persönlich als sexuelle Belästigung empfindet, gilt als zimperlich, zickig oder empfindlich. Nicht die sexuelle Belästigung wird in dieser Logik als Problem definiert, sondern diejenigen, die sich gegen die üblichen Sitten stellen und sie als belästigend empfinden und die mit ihrer Beschwerde darüber, so der Vorwurf, den Betriebsfrieden stören. Diese Problematik betrifft insbesondere Frauen, die in «Männerberufen« oder »Männerbereichen« arbeiten. Ihnen wird aufgrund ihres Geschlechts unterstellt, dass sie erst das Problem der sexuellen Belästigung in diesen Männerbereich hineingetragen hätten.

Belästiger befinden sich meist in einer Machtstellung, in der sie einseitig in die Privatsphäre des Opfers eindringen und die Wünsche des Opfers ignorieren können. Sexuelle Belästigung als vom Opfer unerwünschte Handlung wird nicht nur überwiegend von Personen in einer höheren Position gegenüber Personen in einer niedrigeren Position ausgeübt, sondern auch überwiegend, aber keineswegs ausschließlich, von Männern gegenüber Frauen. Untersuchungen haben festgestellt, dass auch Männer Opfer sexueller Belästigung sind. Sie sind aber im Unterschied zu Frauen eher Opfer von Gleichrangigen und sowohl von Frauen als auch von anderen Männern, während Frauen eher von ranghöheren Männern belästigt werden. Sexuelle Belästigung ist auch in den Bereich der **Geschlechterdiskriminierung** und der **Diskriminierung sexueller Orientierungen** am Arbeitsplatz einzuordnen, weil sich die Herabwürdigung nicht nur auf das Sexuelle, sondern auch auf das Geschlecht und die Orientierung beziehen kann.

Sexualethische Fragen betreffen nicht nur das Verhalten einzelner Menschen, sondern auch Einrichtungen und Organisationen bzw. die dort geltenden Regelungen, wie mit sexuellen Beziehungen am Arbeitsplatz umzugehen ist. Zu fragen ist, wie Umgangsformen, die frei von erniedrigenden, beleidigenden oder abwertenden Verhaltensweisen sind, am Arbeitsplatz verbindlich durchgesetzt werden können. Dafür hat im Rahmen ihrer Zuständigkeit und ihrer Verantwortung für Mitarbeitende vor allem die Leitungsebene Sorge zu tragen. Sie sollte dabei aber selbst Grenzen beachten: Sie sollte ihre Machtposition nicht in paternalistischer Weise ausnutzen und sollte die Möglichkeit erfüllter sexueller Beziehungen unter Kollegen und Kolleginnen nicht verweigern. Sie ist aufgefordert, der vielfältigen Andersheit der Untergebenen Toleranz entgegenzubringen und ethische Kriterien zu beachten.

### 3.1.3 Geschlechtsidentität(en), sexuelle Orientierung(en) und sexuelle Identität(en)

#### *3.1.3.1 Sozial- und kulturwissenschaftliche Perspektive*

Obwohl der Mann-Frau-Dualismus unsere Kultur substanziell durchzieht und die meisten Menschen mithilfe der Zuordnung zum männlichen oder weiblichen Geschlecht und einer heterosexuellen Orientierung in ihrer sexuellen Identität Zugehörigkeit und Sicherheit erfahren, sind die konkreten Ausprägungen von Männlichkeit und Weiblichkeit wie auch das Erleben sexueller Anziehung und Vorlieben faktisch variabler geworden. Die persönliche Geschlechtsidentität, die Richtung des Begehrens (sexuelle Orientierung) und das Selbstverständnis als sexuelle Person insgesamt (sexuelle Identität) werden durch die gesellschaftliche Anerkennung von mehr Individualität und das Recht auf sexuelle Selbstbestimmung sowie die Weiterentwicklung der Sexual- und Geschlechterforschung nicht mehr selbstverständlich mit den dualen Geschlechtsrollen von Mann und Frau, einer heterosexuellen Geschlechterspannung und darauf bezogenen sexuellen Identitäten vordefiniert.

Jeder Mensch hat einen individuellen **Geschlechtskörper** – ein biologisches Geschlecht – mit je spezifischem Erscheinungsbild, aber auch genetischen, chromosomalen und hormonellen Besonderheiten, die sowohl die sichtbaren körperlichen Merkmale bestimmen als auch auf die subjektive Selbstwahrnehmung und das sexuelle Begehren einwirken. Das eigene Empfinden der **Geschlechtsidentität** entspricht längst nicht mehr bei allen Menschen den Stereotypen des Männlichen (außenorientiert, kraftvoll, konfliktbereit und kopfgesteuert) oder des Weiblichen (innenorientiert, sensibel, beziehungsorientiert und gefühlvoll), sondern kann zwischen den Polen alle Ausprägungen erfahren. Wo von dieser Möglichkeit Gebrauch gemacht wird, ist sie Ergebnis fortschreitender Gleichberechtigung und der Erfahrung, dass jeder Mensch vielfältiger begabt ist, als es trennscharfe soziale Zuschreibungen einer männlichen oder weiblichen Geschlechtsrolle zulassen. Insofern sind die Spielräume gewachsen, sich abweichend vom biologischen

Geschlecht in Selbstverständnis, Kleidung und Verhalten mit Merkmalen des Gegengeschlechts, also zunehmend androgyn, zu präsentieren.

Allerdings kommen viele Menschen in Identitätskonflikte, wenn sie längerfristig ihr Geschlecht nicht so leben, wie es ihnen bei der Geburt zugewiesen wurde, und die gesellschaftlich dominanten Toleranzgrenzen männlich-weiblicher Geschlechterdualität überschreiten und sich damit **transgender** verhalten. Dazu gehören vor allem jene, deren biologisches Geschlecht nicht eindeutig dem männlichen oder weiblichen zuzuordnen ist. Bisher ist in diesen Fällen von **Intersexualität** die Rede, obwohl diese besondere Form einer biologisch uneindeutigen Geschlechtlichkeit noch nichts über das sexuelle Begehren aussagt. In der Vergangenheit wurden diese Menschen durch chirurgische und hormonelle Eingriffe schon in ihrer Kindheit »vereindeutigt«. Der gesellschaftlich noch fest verankerte Geschlechterdualismus beeinflusst auch jene Menschen in ihrer Geschlechtsidentität, die sich mit ihrem persönlichen Erleben nicht in ihrem biologischen Geschlecht zu Hause fühlen und sich durch Verhalten, Gestus und Kleidung gegengeschlechtlich präsentieren oder diesen Geschlechtswechsel auch körperlich durch eine operative Geschlechtsumwandlung vollziehen. Bisher ist in diesem Fall von **Transsexualität** die Rede, obwohl auch Transsexuelle keinesfalls ihre Sexualität in besonderer Weise leben. Der Mann-Frau-Dualismus bereitet auch jenen Menschen Probleme, die keinem der beiden gängigen Geschlechter zugeordnet werden wollen und sich bewusst als **»queer«** bzw. **»Agender«** definieren. Jedenfalls sind die biologischen, sozialen und kulturellen Bedingungen von Geschlechtlichkeit weit komplexer als bisher angenommen wurde.

Ähnliches gilt für die **sexuelle Orientierung**, auch Sexualorientierung oder Geschlechtspartnerorientierung genannt. Sie bezeichnet das nachhaltige Begehren eines Partners aufgrund seiner Geschlechtszugehörigkeit. Es handelt sich um ein relativ dauerhaftes Selbstkonzept, also eine Persönlichkeitseigenschaft, die in konkretem Verhalten, z. B. körperlicher Intimität und einer sozialen Rolle, z. B. der Lebenspartnerschaft, sichtbar werden kann. Sexuelle Orientierungen treten überwiegend in Erscheinung als **Heterosexualität**, bei der Menschen des anderen Geschlechts, und in geringerem Ausmaß als **Homosexualität**, bei der Menschen des gleichen Geschlechts, sowie als **Bisexualität**, bei der Menschen beiderlei Geschlechts körperlich und emotional begehrt werden. Die jeweilige sexuelle Orientierung ist bei den meisten Menschen als ein körperlich, sozial und psychisch bedingter Teil der sexuellen Identität biographisch schon sehr früh angelegt. Allerdings kommen die nicht heterosexuellen Orientierungen erst während der Pubertät zu Bewusstsein (persönliches Coming out) und werden je nach Umgebung und persönlicher Bedeutung früher oder später öffentlich gemacht (öffentliches Coming out). Beide Formen des Sichbekennens zum persönlich vorherrschenden Begehren traten in der Vergangenheit auch in westlichen Gesellschaften aufgrund der öffentlichen Tabuisierung verzögert oder gar nicht ein. Heute dagegen kommt die sexuelle Orientierung früher ins Bewusstsein und wird von den meisten Homo- und Bisexuellen je nach Vertrauen in ihre unmittelbare Umgebung nach und nach veröffentlicht.

Geschlechtsidentität und sexuelle Orientierung bleiben in der Regel ein ganzes Leben lang bestehen, werden aber in Einzelfällen und mit fortschreitender gesellschaftlicher Liberalisierung und sexueller Selbstbestimmung auch häufiger flexibler erlebt und im Rahmen selbst gewählter **sexueller Identität** gestaltet. So müssen sich auch bei körperlich uneindeutiger Geschlechtszuordnung eine zunächst positiv unterstützte männliche oder weibliche Geschlechtsidentität und eine spätere selbstbestimmte Intersexualität nicht widersprechen, wenn zuvor eine übermäßige Hormonbehandlung vermieden wurde. Ebenso kann sich vor allem bei leicht bisexueller Neigung die nach außen hin sozial dokumentierte sexuelle Orientierung gemäß wechselnder Lebensumstände durchaus verändern. Sowohl diese Erfahrung aus der Lebensrealität und Beratungspraxis als auch der momentane Stand der Forschung weisen darauf hin, dass die Ursachen für das Zutreffen aller sexuellen Kategorien in jedem individuellen Fall aus dem je unterschiedlichen Zusammenwirken von körperlichen Dispositionen, Sozialisationserfahrungen und eigener Entscheidung resultieren. Bei den meisten menschlichen Persönlichkeitsmerkmalen wirken diese drei Bedingungsfaktoren in unterschiedlicher Wirkmächtigkeit zusammen und führen zur je besonderen Individualität einer Persönlichkeit.

So variieren auch das individuell verspürte Ausmaß sexueller Lebensenergie und die Bedeutung, die einzelne Menschen der Sexualität zukommen lassen. Schon immer gab es Menschen, die aus verschiedenen Gründen kein Verlangen nach Sexualität verspürten und sich entsprechend als **asexuell** definierten. Angesichts der zunehmenden Bedeutung und positiven Würdigung sexueller Lebensäußerungen ist ein asexuelles Verhalten besonders auffällig und fast begründungspflichtig. Vor allem dann, wenn es sich nicht um eine bewusste Entscheidung handelt, sondern um die Abwesenheit sexueller Erregung oder sogar deren Ablehnung. Auch hier gibt es – wie so oft bei den Besonderheiten sexueller Identität – verschiedene Varianten.

Manche Menschen verlieben sich zwar, haben auch körperliche Nähe, aber keine weitergehenden sexuellen Kontakte zu ihren Partnern oder Partnerinnen. Andere kennen zwar Selbstbefriedigung, aber keine Beziehungssexualität, manchen ist auch das Gefühl romantischer Liebe fremd.

Auch all das gehört zu den vielen Varianten des persönlichen Erlebens und öffentlichen Ausdrucks sexueller Identität wie auch die Selbstannahme einer besonderen Liebesweise oder das Leiden angesichts der Abweichung vom gesellschaftlich Dominanten und sozial Erwarteten. Aus einer rein wissenschaftlichen Perspektive betrachtet sind jene vom Geschlechterdualismus oder von der Heterosexualität abweichenden Lebens- und Liebesweisen, auch Asexualität, keine therapiewürdigen Fehlentwicklungen, zumal die meisten innerpsychischen und interpersonalen Konflikte auf Differenzen zwischen psychischem Selbstkonzept und fehlender sozialer wie moralischer Anerkennung zurückzuführen sind.

### *3.1.3.2 Gesellschaftliche Perspektive*

Inzwischen hat sich eine größere sexuelle Vielfalt der Lebens- und Liebesweisen in unserer Gesellschaft etabliert. Schwule, lesbische, bisexuelle, auch asexuelle Lebensformen und bisher nicht öffentliche Geschlechtsidentitäten werden sichtbar und die Betroffenen fordern ihr Recht auf sexuelle Selbstbestimmung. Dennoch wirkt die Dominanzkultur mit der dichotomen Geschlechtszuweisung, der Heterosexualität und neuerdings einem ebenso deutlichen Zwang zu sexueller Betätigung in den meisten Medien, Peergroups und auch Bildungsinstitutionen. Das mag als äußere Stütze vielen Menschen Sicherheit und Orientierung geben, erschwert aber bei abweichendem Selbsterleben vor allem Kindern und Jugendlichen die ohnehin nicht einfache Gestaltung der eigenen geschlechtlichen und sexuellen Identität. Immerhin spürt ein nicht unerheblicher Prozentsatz von Kindern und Jugendlichen schon sehr früh, dass sie erheblich von der gesellschaftlichen Norm abweichen, weil eine homo- oder bisexuelle Orientierung dominiert oder weil sie eine Transgender- bzw. Queer-Identität entwickeln. Es handelt sich dabei um individuelle Ausprägungen vorhandener Dispositionen, die nur dann Lebenszufriedenheit zur Folge haben, wenn die Person sich auch von der Außenwelt gemäß der subjektiv gefühlten Geschlechtsidentität oder sexuellen Orientierung angenommen weiß. Es geht beim Zulassen von mehr Entfaltungsspielräumen weder um die Abschaffung noch um die Verteidigung der Zweigeschlechtlichkeit, des heterosexuellen Begehrens oder der Sexualität überhaupt, auch nicht um eine »postmoderne Beliebigkeit« menschlichen Verhaltens. Es geht sexualpolitisch darum, Personen mit ungewöhnlicher körperlicher Konstitution oder mit einem von der Mehrheit abweichenden sexuellen Begehren ein menschenwürdiges Leben zu ermöglichen. Sexualethisch liegt dieser Vorstellung das Kriterium zugrunde, die Diversität bzw. Andersheit des jeweils anderen zu respektieren und zum Zuge kommen zu lassen. Eine solche Anerkennung des Besonderen hat auch befreiende Auswirkungen auf alle anderen. Die **Diskriminierung abweichender Identitätszuschreibungen** führt nämlich implizit dazu, dass alle anderen Menschen in die »Normalität« fest definierter Geschlechtsrollen sowie des heterosexuellen Begehrens gezwungen werden. Die Einteilung der Menschen in Männer und Frauen, die hetero-, homo- oder bisexuell leben, und die gleichzeitige Diskriminierung homo- und bisexueller Identitäten beschränken die sinnlich-emotionalen Kontakte oftmals auf eindeutig heterosexuelle Beziehungen. Die

Angst, als homosexuell zu gelten, veranlasst in der Praxis vor allem Jungen, sich streng am gesellschaftlich vorgegebenen männlichen Verhaltenskodex zu orientieren.

Die zunehmende gesellschaftliche Gewährung und Wahrnehmung sexueller Selbstbestimmung hat in den meisten westlichen Ländern, so auch in Deutschland, dazu geführt, dass auch bei den von der Mehrheit abweichenden **sexuellen Orientierungen** alle drei Aspekte – also Selbstkonzept, sexuelles Verhalten und soziale Rolle bzw. öffentliche Lebensweise – zusammen gelebt werden. Auch hier zeigt sich eine Sehnsucht der meisten Menschen nach einem ganzheitlichen Erleben von Sexualität, Intimität und sozialer Verantwortung füreinander. Möglich wird diese Übereinstimmung, weil eine zunehmend wachsende Bevölkerungsmehrheit inzwischen Homosexualität toleriert, obwohl damit keineswegs immer tatsächliche Akzeptanz gemeint ist. Je näher das Thema in die Lebenswelt von Jugendlichen und Erwachsenen, insbesondere von Eltern homosexuell fühlender Kinder, hineinreicht, umso stärker werden bei vielen Menschen Vorbehalte aktiviert und Akzeptanzkonflikte deutlich. In zahlreichen Studien über die Situation von homosexuellen Jugendlichen wurden trotz der öffentlich zunehmenden gesellschaftlichen Toleranz deutliche Beeinträchtigungen der psychosozialen Entwicklung nachgewiesen. Danach gehören neben einer noch weit verbreiteten Homonegativität homophobe Stimmungen, Ausgrenzung und Gewalt immer noch zu den gängigen Sozialisationsbedingungen. Sie bekommen immer wieder dadurch Nahrung, dass angesichts bekannt werdender Fälle sexuellen Missbrauchs alle sexuellen Minderheitsorientierungen einschließlich der Pädophilie in einen Topf geworfen und Zusammenhänge vermutet werden, die jeder wissenschaftlichen Grundlage entbehren.

In Analogie zur **Homophobie** kennzeichnet der Begriff der **Transphobie** den Nährboden für Vorurteile, Stigmatisierung, Abwertung, Diskriminierung und Gewalt gegenüber verschiedenen geschlechtlichen Identitäten, die mit einem uneindeutigen körperlichen Geschlecht oder einem Geschlechtswechsel zu tun haben: Intersexualität, Transsexualität und Transgender. Zur gesellschaftlich tief verankerten Abwehr und Abwertung von allem, was nicht den gängigen Geschlechtsrollenstereotypen entspricht, kommt bei den Trägern der Vorurteile oft eine tiefe Verunsicherung in Bezug auf die eigene sexuelle Identität hinzu.

Damit wird deutlich, dass passive gesellschaftliche Toleranz nicht ausreicht, um Minderheiten vor Diskriminierung zu schützen.

- Der Gesetzgeber hat aus diesem Grund das Recht auf freie Entfaltung der sexuellen Identität und damit auch der sexuellen Orientierung im Allgemeinen Gleichbehandlungsgesetz (AGG) verankert, um den Betroffenen bei Benachteiligung und Diskriminierung eine rechtliche Handhabe des Widerspruchs zu gewähren.

- Der Deutsche Ethikrat hat zum Thema Intersexualität bzw. Zwischengeschlechtlichkeit erklärt, dass Operationen mit dem bloßen Ziel der Geschlechtsanpassung an nicht einwilligungsfähigen Kindern unethisch und rechtswidrig sind.

- Laut Bundesverfassungsgericht (1 BvR 3295/07) ist dem Wunsch transsexueller Menschen zu entsprechen, auch ohne operative Geschlechtsumwandlung ihren Personenstand ändern zu können.

- Weil inzwischen durch empirische Studien nachgewiesen wurde, dass Kinder in gleichgeschlechtlichen Lebenspartnerschaften ebenso positiv aufwachsen können wie in heterosexuellen Familien und es in jedem Fall günstig ist, wenn zwei Elternteile Verantwortung übernehmen, hat der Gesetzgeber das Adoptionsrecht in diese Richtung angepasst und die sukzessive Adoption ermöglicht. Beide Partner können faktisch für die in ihrer Obhut lebenden Kinder die Personensorge übernehmen. Partnerschaftlichkeit und Verbindlichkeit werden somit auch von gleichgeschlechtlichen Lebenspartnerschaften erwartet und lebbar gemacht.

Gesetze und Verordnungen gewähren einen formalen Rahmen für sexuelle Selbstbestimmung und Diskriminierungsschutz, beeinflussen aber nur sehr indirekt das Denken und die innere Haltung zur Geschlechtlichkeit und zur eigenen und fremden sexuellen Orientierung. Die Bereitschaft zur Anerkennung abweichender Identitäten bildet aber eine grundlegende Basis, auf der die Auseinandersetzung mit der ethischen Bewertung von Hetero-, Homo- oder Bisexualität zwischen verschiedenen gesellschaftlichen Gruppen erst »auf Augenhöhe« stattfinden kann. Um solche Gespräche überhaupt zu ermöglichen, haben viele Bundesländer nicht nur das Thema der Geschlechtergerechtigkeit, sondern auch die aktive Arbeit gegen die Ausgrenzung von homosexuell liebenden Schülerinnen und Schülern und für die sexuelle Selbstbestimmung von Menschen verschiedener Geschlechtsidentitäten in die Lehrpläne und Richtlinien der Schulen zur Sexualerziehung aufgenommen. Die nach wie vor unterschiedlichen ethischen Grundhaltungen können sich auf diese Weise wechselseitig qualifizieren und möglicherweise auch aufeinander zubewegen – ein Prozess, der auch im kirchlichen Bereich weiterhin von Bedeutung ist.

### *3.1.3.3 Sexualethische Perspektive*

Die zunehmende gesellschaftliche und rechtliche Anerkennung vor allem der homosexuellen Orientierung und Lebensform sowie die langsame Öffnung des sexualethischen Diskurses über Homosexualität und Zweigeschlechtlichkeit in der evangelischen Kirche haben insgesamt zu mehr **Transparenz und Ehrlichkeit** in der Auseinandersetzung und Bewertung differenter sexueller Lebensentwürfe beigetragen. Vor allem erwiesen sich Positionen, die sich mehr oder minder explizit an ethischen Kriterien wie Freiwilligkeit, Achtung der Andersheit, Chancengleichheit sowie Verbindlichkeit, Verlässlichkeit und Verantwortung ausrichteten, auch für Menschen mit nicht heterosexueller Orientierung als hilfreich bei der sexuellen Gestaltung ihrer Beziehungen. Gleichgeschlechtlich liebende und lebende Männer und Frauen wurden in die Lage versetzt, sich selbst mit ihrer sexuellen Identität anzuerkennen, für andere sichtbar zu werden und auf dieser Basis freiwillige Partnerschaften einzugehen. Während vormals eine nicht mit dem eigenen Fühlen identische soziale Rolle gespielt wurde oder das Selbstkonzept verheimlicht werden musste und möglicherweise neben einer heterosexuellen Partnerschaft gelegentlich homosexuelle Kontakte eingegangen wurden, kann heute eine schwule oder lesbische Orientierung zunehmend ganzheitlich gelebt werden. Die rechtliche Anerkennung einer solchen Beziehungsweise hat konsequent mehr Partnerschaftlichkeit und Verbindlichkeit zur Folge, die sich auch darin äußern kann, Verantwortung für neues Leben, also auch Kinder, zu übernehmen. Da Sexualität aber nicht mehr als Trieb zur Zeugung von Kindern enggeführt wird, sondern im Sinne einer Lebensenergie als Ressource für Fruchtbarkeit im weitesten Sinne erlebt und kultiviert werden kann, ist sie für hetero-, homo- und transsexuelle Partnerschaften auch ohne Kinder lebensdienlich. Dass auf dem Weg zur in diesem Sinne gelingenden Sexualität bei allen Menschen noch viel Lernen erforderlich ist und Scheitern nicht ausbleiben kann, gilt grundsätzlich auch für nicht heterosexuelle Orientierungen. Manches gelingt vielleicht sogar besser, weil es bewusster gelebt wird. Kinder aus gleichgeschlechtlichen Lebenspartnerschaften entwickeln bspw. leicht eine größere Sensibilität gegenüber Diskriminierungen aller Art, weil sie die Situation der Exklusion kennen und von ihren Eltern darauf vorbereitet und stärkend begleitet wurden.

Ähnliches gilt auch für **intersexuelle Kinder und Jugendliche**, denen eine zwanglose Ausbildung der psychischen Geschlechtsidentität und die Möglichkeit gewährt werden, ihr entsprechend zu leben. Dabei ist in der Erziehung ein kohärenter Umgang mit dem Kind als einem der beiden Geschlechter zugehörig nicht ausgeschlossen, solange das Kind keine Widerstände gegen das Erziehungsgeschlecht zeigt. Bei der Wahl des Geschlechts ist der Elternwille zu berücksichtigen, ohne ihn auf bloße elterliche Wunschvorstellungen (erhoffte sexuelle Orientierung, Präferenz für eine Tochter oder einen Sohn) zu reduzieren. Letztlich ist abzuwarten, welche Geschlechtsidentität das Kind ausbildet, und diese zu respektieren. Wichtig ist, das Kind oder den Jugendlichen nicht zu drängen, welche Identität auch gewählt und möglicherweise in der Pubertät auch noch einmal verändert wird.

Verständlicherweise erfordert die Begleitung jener Kinder und Jugendlichen, die wegen einer abweichenden Geschlechtsidentität oder sexuellen Orientierung konflikthafte, oft auch gewaltsame Erfahrungen machen, von den Bezugspersonen hohe Selbstreflexion und Sensibilität. Immerhin werden in der Regel persönliche Vorstellungen und Zukunftshoffnungen irritiert und enttäuscht. Gleichzeitig sind die Bezugspersonen gefordert, den Kindern den nötigen Rückhalt zu geben, mit entsprechender Ich-Stärke die Herausforderungen zu bewältigen, die bei allen Besonderheiten in Auseinandersetzung mit der Umwelt zu erwarten sind. Solche Herausforderungen können eine Person stärken, soweit sie nicht überfordern. Vieles muss auf allen Seiten mühsam gelernt werden und ist stärker vom Scheitern bedroht als bei regulären Bedingungen des Aufwachsens. So existiert für gleichgeschlechtliche Partnerschaften oder diverse Formen der Zwischengeschlechtlichkeit keine lange und reichhaltige Tradition kultureller Muster der Partnerschaftlichkeit wie für heterosexuelle Paare, sodass das ganzheitliche Erleben emotionaler, sozialer und geistiger Intimität individuell und ohne Vorbilder gestaltet werden muss.

Bei vielen Ausprägungen der sexuellen Identität stehen sowohl die gesellschaftlichen Erfahrungen als auch die ethischen Reflexionen erst am Anfang einer sachgerechten und reflexiven Beurteilung. Aber auch angesichts dieser Besonderheiten gelten die genannten Beziehungswerte und Kriterien evangelischer Sexualethik, die unabhängig von physischen Gegebenheiten des manifestierten Geschlechts bedeutsam sind.

## 3.2 Fragwürdige Formen von Sexualität

Viele sexuelle Einstellungen und Verhaltensweisen, die in der Vergangenheit nicht nur vonseiten der christlichen Kirchen und der evangelischen Theologie, sondern auch im allgemeinen Bewusstsein sexualmoralisch als abweichend galten, werden heute sowohl mehrheitlich praktiziert als auch moralisch akzeptiert oder auch für richtig gehalten. Akzeptiert deshalb, weil sie unter das (auch sexuelle) Selbstbestimmungsrecht der Menschen fallen und damit vom demokratischen Verfassungsstaat geschützt sind, und für richtig gehalten, weil die Erweiterung sexuellen Erlebens einschließlich individuell variabler sexueller Vorlieben auch von überzeugten Christen als wünschenswert angesehen wird. Dennoch muss nicht alles, was gemäß den Rechtsnormen erlaubt ist oder allgemein als unproblematisch gilt, von christlicher Seite als empfehlenswert und Inbegriff eines erfüllten Sexuallebens gewertet werden. Auf die Gefahren eines sexual-erotischen Perfektionismus und einer Spirale der Selbstoptimierung wurde bereits hingewiesen. Sexuelle Lebenskunst im christlichen Sinne fußt zwar auch auf dem Grundrecht der Selbstbestimmung, antwortet aber zugleich auf das Bedürfnis des Menschen nach Anerkennung, Liebe und leiblicher Ekstase. Neben der sexuellen Selbstbestimmung als Anerkennung diverser Formen der Lust und sexueller Präferenzen gehört zu einer ganzheitlichen sexuellen Lebenskunst die personale und soziale Anerkennung und die Erfahrung von Liebe als unbedingtes Angenommensein. Das schließt wechselseitige Instrumentalisierung, Verdinglichung und Gewaltanwendung als grundlegende Einstellung und dauerhaftes Verhaltensmuster aus. Andererseits leben sexueller Spannungsaufbau und das kultiviert-erotische Spiel für viele Menschen auch von der **Dialektik zwischen Fremdheit und Vertrautheit, Spontaneität und Planung, Überraschung und Erwartung, Phantasie und Realität, auch kurzfristigen Macht- und Ohnmachtserfahrungen.** Wenn körperliche Lust und sexuelle Erregung aus christlich-evangelischer Perspektive nicht mehr von vornherein als Vorboten der egoistischen Ausschweifung und nur hinzunehmender Tribut an die körperlich-animalische Basis des Menschen gewertet werden, kann der verantwortungsvolle und kultivierte Umgang mit diesen Lebensenergien und ihren Quellen sexualmoralisch positiv gewürdigt und pädagogisch begleitet werden.

Diese Veränderungen im Bereich des Wünschenswerten haben damit gleichzeitig Auswirkungen auf das Fragwürdige ebenso wie auf das zu Verurteilende im Bereich des Sexuallebens, ohne dass die Bedeutung dieser Kategorien damit gemindert wird. Im Gegenteil: Weil als christliche Maxime keine »Alles-ist-möglich-Position« oder »Alles-ist-erlaubt-Haltung« propagiert werden kann, ist sowohl die sexualmoralische Auseinandersetzung als auch die sexualerzieherische Kompetenz angesichts diverser Grundhaltungen und Verhaltensweisen im Bereich des Sexuellen ein Grundanliegen der evangelischen Kirche.

Die Ausweitung sexueller Erlebnisweisen über den Fortpflanzungszweck hinaus hatte zur Folge, dass viele bisher als pervers bezeichneten Besonderheiten sexueller Anreize und Ausdrucksformen zumindest in »homöopathischer Dosierung« zur Verlebendigung der normativ angemessenen Sexualität gezählt werden. Sich selbst erregt zeigen und der erregten Person zusehen, mit diversen Accessoires die erotische Spannung regulieren, das Spiel mit der Spannung von Macht und Ohnmacht und der Genuss des ganzen Körpers als erregende und erregbare Zone können zur Kultivierung sexueller Lebenskunst vor allem in langfristigen Beziehungen gehören. Wechselseitige Vertrautheit und Verantwortung stellen dann den schützenden Rahmen für die Kultivierung sexuell-erotischer Spontaneität bereit, die ihrerseits wiederum verhindert, dass zu viel Nähe, Vertrautheit und Alltagsroutine jede Initiative, Überraschung und Erregung zum Erliegen bringen.

**Beziehungsqualität** und **sexuell-erotische Qualität** stehen in einem wechselseitigen Verhältnis zueinander mit sowohl positiven wie auch negativen Auswirkungen. Die Lebendigkeit jeder Beziehung lebt deshalb von einer dynamischen Balance beider Sphären. Vor diesem Hintergrund ist neu zu justieren, was genau unter rechtlichen, gesundheitlichen und theologisch-ethischen Gesichtspunkten als fragwürdiges und abzulehnendes sexuelles Verhalten gewertet werden soll.

Pornographie bzw. Cybersex und Sadomasochismus stehen unter der Überschrift des Fragwürdigen, weil beide Bereiche sich zwar gesellschaftlich im Prozess der Entkriminalisierung befinden, unter normativen Gesichtspunkten aber sowohl akzeptable wie auch inakzeptable Phänomene enthalten. Die globale Ächtung dieser Realitäten als einer abseitigen sexuellen Lust, die der Gewaltausübung und wirtschaftlichen Ausbeutung dient, hat allein den angewiderten Blick zugelassen, der alles als menschenfeindlich wertet und keinerlei Differenzierung und Kultivierung ermöglicht. Fragwürdig ist somit dieser bisherige Umgang mit Pornographie bzw. Cybersex und Sadomasochismus ebenso wie ein unkritischer Rückzug auf bloße Rechts- und Gesundheitsnormen bei der Beurteilung einzelner Ursachen, Erscheinungsformen und Auswirkungen.

### 3.2.1 Pornographie und Cybersex

Der Begriff »**Pornographie**« ist moralisch negativ konnotiert, im individuellen Erleben sehr häufig mit ambivalenter Angstlust besetzt und wird von den meisten Menschen definitorisch sehr ungenau verwendet. Oft werden bereits Erotika als pornographisch bezeichnet, die sexuelle Interaktionen nur andeuten oder in größere Handlungskontexte einbetten, für Minderjährige zulässig und zur sexuellen Bildung nützlich sind. Im Alltagsbewusstsein gilt als pornographisch, was dem eigenen Geschmack zuwider ist. Der kleinste gemeinsame Nenner findet sich im Kern der juristischen Definition, in der sexuelle Körperteile und Interaktionen mit Pornographie bezeichnet werden, die ohne wesentliche soziale Einbindung vor allem der sexuellen Erregung dienen. Diese »einfache Pornographie« ist für Erwachsene freigegeben, während die Produktion und Verbreitung illegaler bzw. harter Pornographie – Gewalt-, Tier-, Kinder- und Jugendpornographie, bei den beiden letzten auch deren Besitz – generell unter Strafe gestellt sind. Bei der einfachen »**Mainstreampornographie**« wird im Recht davon ausgegangen, dass Erwachsene in der Lage sind, gezeigte Sexualität zum Zweck der Unterhaltung und Erregung in ihr Liebesleben zu integrieren. Da inzwischen faktisch der Zugang auch von Kindern und Jugendlichen zu pornographischen Erzeugnissen nicht mehr unterbunden werden kann, müssen der Jugendschutz und die Sexualerziehung sowie die sexuelle Bildung – auch von Erwachsenen – die Aufgabe übernehmen, den Umgang mit Pornographie zu gestalten.

**Cybersex** bezeichnet Sexualkontakte, die über Computer oder das Internet vermittelt zustande kommen. Das reicht von der Aufnahme von Sexualkontakten in sogenannten Chatrooms, über den Austausch von Bildmaterial sexuellen Inhalts bis zum virtuellen Kontakt mit einer computeranimierten Figur oder realen Person mittels technisch vermittelter Körperstimulationen. Sowohl bei der Pornographie als auch beim Cybersex werden die Grenzen zwischen virtueller und realer Welt, zwischen Phantasie und Wirklichkeit, zwischen personeller und medialer Kommunikation fließend, sie beeinflussen sich gegenseitig.

Es können hier nicht alle Ursachen, Erscheinungsformen und Entwicklungsmöglichkeiten von Pornographie und Cybersex ausgeleuchtet und bewertet werden. Es werden allein die großen Linien und Kriterien der moralischen Orientierung aufgezeigt, die helfen, sich als Christ in diesen gesellschaftlich bedeutsam gewordenen Bereichen zurechtzufinden.

Das Erscheinungsbild von Pornographie hat sich angesichts der einfachen Zugangsbedingungen, aber auch leichter gesamtgesellschaftlicher Akzeptanz sowie der sexualpädagogischen und feministischen Kritik in den letzten Jahren sowohl in thematischer, ästhetischer als auch zielgruppenspezifischer Hinsicht ausdifferenziert. Nicht mehr jedes Erzeugnis ist per se gewaltverherrlichend und frauenfeindlich. Kritische Produzenten und Produzentinnen wie auch Nutzer und Nutzerinnen aus der Frauenbewegung entwerfen inzwischen nach ihren eigenen sexualmoralischen und ästhetischen Maßstäben pornographisches Material und in erzieherischen Kontexten wird damit experimentiert, sexuell eindeutige Szenen zu Aufklärungszwecken und als Möglichkeit der sexuellen Bildung zu produzieren. Zudem wächst im Cybersexbereich die Eigenproduktion und Verbreitung sexueller Inhalte, bei denen die Vielfalt sexuellen Lebens sichtbar wird.

Der gesamte Pornographie- und Cybersexsektor bleibt aus christlich-normativer Perspektive fragwürdig. Beide Themen sind zwar würdig, befragt zu werden, die kritischen Fragen dürfen aber auch nicht ausbleiben und müssen die Kriterien christlich gelungenen Sexual- und Liebeslebens wie Verbindlichkeit, Verlässlichkeit und Verantwortung auch an die sich ständig verändernde Praxis anlegen. Neben der eindeutigen **Ablehnung aller Gewalt- und Kinderpornographie sowie**

**ausbeuterischer Cybersexaktivitäten**, die auch schon juristisch geahndet werden, muss jede Form der Produktion, Nutzung und Verbreitung auch der sogenannten Mainstreampornographie oder der Aufnahme von Sexualkontakten mittels Computer und Internet den folgenden kritischen Fragen unterworfen werden:

- Geschieht die Erstellung von pornographischen Erzeugnissen unter gewalttätigen und menschenfeindlichen Produktionsbedingungen?

- Fördern die Inhalte und Darstellungsweisen die Diskriminierung bestimmter sexueller Minderheiten oder Teilpopulationen?

- Dominieren verschleierte ökonomische Interessen das Bestreben aufzuklären, erotisch zu unterhalten oder Kontakte anzubahnen?

- Werden junge Menschen genügend darüber aufgeklärt, dass sie möglicherweise ihre psychosexuelle Entwicklung gefährden, wenn sie sich selbst an der Pornographieproduktion, an Kontaktbörsen sowie Chatrooms beteiligen?

- Wird die Gefahr der Fixierung sexueller Motivation und von Partnerschaften auf Pornographie und Cybersexerleben ernst genommen und bearbeitet?

- Ist durch ausreichende sexualpädagogische Begleitung und Beratung eine kritische Aufklärung über Gefahren des Pornographiekonsums und Cybersex gewährleistet?

- Kann die Gefahr reduziert werden, dass Menschen allgemein, insbesondere Kinder und Jugendliche, ungefragt mit pornographischen Erzeugnissen und Cybersexkontakten konfrontiert werden? Werden genügend Anstrengungen unternommen, illegale Pornographie im Internet sowie Mobbing- und Ausbeutungsprozesse durch sexuelle Kontakte mittels elektronischer Medien zu verhindern?

Die Frageliste kann mit Leichtigkeit ausdifferenziert und erweitert werden. Viele Antworten können auch nur im Kontext spezifischer gesellschaftlicher Milieus, Situationen und konkreter Personen gegeben werden. Auch wenn es unter wissenschaftlich-wertneutralen Gesichtspunkten und dem Anspruch der sexuellen Selbstbestimmung als ungerechtfertigt erscheint, diese kritischen Maßstäbe in den Vordergrund zu stellen, müssen sie unter christlich-normativen Gesichtspunkten angemahnt werden. Damit ist keine grundsätzlich medien- und sexualfeindliche Haltung verbunden, wohl aber die aufmerksame Beobachtung der Gefahren, die mit einer wirtschaftlich und medial entfesselten Produktion, Verbreitung und Konsumption von Pornographie und Cybersex verbunden sind.

Andererseits ist eine Pauschalablehnung gezeigter Sexualität, und zwar auch jener, die allein der sexuellen Erregung dient, weder praktisch durchsetzbar noch normativ angemessen. Gleiches gilt für die vielen gewachsenen Möglichkeiten, durch die neuen Kommunikationsmedien Partnerschaftskontakte und sexuelle Interaktionen zu gestalten. In bestimmten Entwicklungsphasen und Situationen, insbesondere für manche Personengruppen, die in ihren Kommunikationsmöglichkeiten eingeschränkt sind, können erotische Stimulanzen und Kontaktbörsen die Lebensqualität erweitern. Insofern muss sich die sexuelle Bildung auch in kirchlichen Zusammenhängen dieser Themen annehmen. Es geht darum, den selbstbestimmten wie auch moralisch angemessenen Umgang mit gezeigter Sexualität und den Möglichkeiten der medialen Kommunikation zu erlernen. Dazu gehören Kenntnisse über Produktion, Merkmale und Inhalte sowie Nutzung von Pornographie und die Wirkweisen der Internetkommunikation, das Erkennen von Negativ- und Positivwirkungen in beiden Bereichen, das Redenkönnen über sexuelle Erfahrungen und die Reflexion des eigenen sexualmoralischen Standpunkts. Der kirchlichen Sexualerziehung und Erwachsenenbildung kommt die Aufgabe zu, gegen rein ökonomische Interessen und den leichtesten Weg des Konsums zu arbeiten sowie die kritisch-moralische Qualifizierung und **positive soziale Verhaltensbeeinflussung** der Menschen, insbesondere der Kinder und Jugendlichen, im Fokus zu behalten.

### 3.2.2 Sadomasochismus

Der Rückzug des demokratischen Staates aus der Normierung spezifischer sexueller Verhaltensweisen, die das Recht auf sexuelle Selbstbestimmung nicht beeinträchtigen, und die gewachsene Diversifizierung sexuellen Erlebens haben auch zur Normalisierung sexueller Vorlieben und Neigungen geführt, die ehemals als abweichend bezeichnet wurden. Unterschieden werden in der Sexualwissenschaft eher harmlose, gesunde Sexualpräferenzen und pathologische sexuelle Neigungen (Paraphilien). Letztere werden als solche bezeichnet, wenn sie bei der Person selbst Leidensdruck hervorrufen und/oder sich auf nicht einwilligende bzw. nicht einwilligungsfähige Personen beziehen. Sie sind nach den jeweils aktuellen diagnostischen

Kriterien in besonderen medizinischen Katalogen (ICD-10 und DSM-IV-TR) festgehalten.

Der einvernehmliche Sadomasochismus, meist mit BDSM (Bondage, Domination/Submission, Sadismus, Masochismus) bezeichnet, wurde 1975 als Straftatbestand aus dem deutschen Strafrecht gestrichen und gehört heute zu den nicht pathologischen Sexualpräferenzen. Der sexuelle Sadismus bzw. Masochismus dagegen, der nicht einvernehmlich, also gegen die sexuelle Selbstbestimmung ausgeübt wird, gilt weiterhin als pathologisch und wird strafrechtlich geahndet.

Die Übergänge zwischen einer einvernehmlichen, leidenschaftlich-gewaltigen Sexualität und dem ebenso einvernehmlichen Sadomasochismus sind fließend. Sexualwissenschaftliche Studien und die Beratungspraxis werfen ein realistisches Licht auf die Bedeutung von Macht und Ohnmacht im sexuellen Liebesspiel. Grenzgänge gehören für viele Menschen zu den besonders eindrucksvollen Erfahrungen sowohl körperlicher als auch psychischer Ekstase des Beziehungserlebens. Im Sadomasochismus werden diese Bedürfnisse im gegenseitigen Einvernehmen komplementär auf die Spitze getrieben und durch Sicherheit gebende Normen (sicher, bewusst und einvernehmlich) und Rituale (z. B. Stopp-Signal) gerahmt. Ähnlich wie bei den sexuellen Orientierungen können die Ursachen für sadomasochistische Neigungen nicht eindeutig beschrieben werden. Vermutlich spielen auch hier verschiedene Faktoren bei der Entwicklung des sexuellen Skripts eine Rolle, die von genetischen Dispositionen, prä- oder perinatalen Angsterfahrungen bis zu kindlichen Traumata oder auch später konditionierten Schmerz/Lust-Fixierungen reichen. Männer und Frauen, die solche Macht-Ohnmacht- sowie Lust-Schmerz-Spiele mit diversen Accessoires in ihr Liebesspiel integrieren oder vornehmlich durch solche Inszenierungen Lust erfahren, legen großen Wert darauf, sich von real und dauerhaft ausgeübter sowie einseitiger Demütigung und Gewalt abzugrenzen und kämpfen auch in kirchlichen Kreisen für moralische Anerkennung.

Fragwürdig bleibt der Sadomasochismus als Sexualpräferenz, weil das verantwortungsvolle Spiel mit Macht und Ohnmacht eine große Bewusstheit und Empathie voraussetzt, die im sexuellen Vollzug der oft extrem energetisch gespeisten Ekstase ausgeübt werden müssen. Es handelt sich hier also um eine Praxis von Sexualität, die das theologisch-ethische Voraussetzungskriterium der Freiwilligkeit und die Vollzugskriterien der Lebensdienlichkeit und des Schutzes der Beteiligten an ihre Grenzen führt. Bestimmte Teilpraktiken bedürfen anatomischer Kompetenz und die wechselseitige Sensibilität und das Vertrauen werden auf eine harte Probe gestellt. Vor allem der dominante Partner steht leicht in der Gefahr, vom Unterlegenen nachträglich der bewusst intendierten Gewalt bezichtigt und mit einer Strafanzeige bedroht zu werden. **Solange die Kriterien von Freiwilligkeit, der Lebensdienlichkeit und des Schutzes der Beteiligten jedoch gewahrt bleiben, müssen sadomasochistische Neigungen moralisch nicht verworfen werden.** Zudem würde eine generelle Ächtung die potenziellen Gefahren dieser Sexualpraxis noch erhöhen. Bisher übernehmen Initiativen und Vereine der BDSM-Szene die Aufklärung, Beratung und Betreuung, weil die normative Nichtanerkennung in vielen offiziellen Beratungs- und Hilfesystemen eine fachkundige Begleitung ausschließt. Die Herausforderung besteht also darin, den Sadomasochismus einerseits als ein Grenzphänomen wahrzunehmen, welches in einer besonderen Gefahr steht, in Unfreiwilligkeit und Missachtung umzuschlagen. Andererseits würde eine Tabuisierung mitunter gerade nicht den verantwortlichen Umgang mit dieser sexuellen Praxis fördern. Hier stehen viele Männer und Frauen bisher im Konflikt zwischen ihrer gelebten sexuellen Neigung und dem Wunsch, als gläubige Christen ernst- und wahrgenommen zu werden. Auch eine christlich motivierte Sexualpädagogik sollte die mögliche Bandbreite sexueller Einstellungen und Verhaltensweisen realistisch thematisieren, um dadurch Verletzungen des Selbstbestimmungs- wie des Liebesgebotes und dauerhafte Fixierungen auf aktuell dominante Sexualpräferenzen zu vermeiden. Schon die Vermittlung sexueller Basiskompetenzen kann gesundheitlichen wie moralischen Fehlentwicklungen vorbeugen. Dazu gehört auch die Fähigkeit, die eigenen und fremden Bedürfnisse wie auch Grenzen sowie sexuelle Situationen realistisch einzuschätzen und reale sexuelle Gewalt von konsensuellen Machtspielen unterscheiden zu können.

### 3.2.3 Prostitution

#### *Erscheinungsformen und Ausmaß*

Prostitution gilt als »das älteste Gewerbe der Welt«, d. h. es hat bisher kein Land der Welt geschafft, den Kauf und Verkauf sexueller Dienstleistungen wirksam und nachhaltig zu unterbinden – selbst wenn dies ausdrückliche und ernsthafte Intention war. Sowohl geschichtlich als auch heute global gesehen war und ist die gesellschaftliche und auch rechtliche Haltung zu Prostitution sehr unterschiedlich und wechselt immer wieder. Auch heute wird Prostitution in den europäischen und außereuropäischen Ländern sehr unterschiedlich bewertet. Der Umgang mit Prostitution reicht(e) von strafrechtlicher Verfolgung der Prostituierten und gegebenenfalls der Freier über Mischformen der staatlichen Kontrolle bis hin zu völliger gesellschaftlicher Akzeptanz.

In Deutschland ist Prostitution unzweifelhaft ein bedeutender Wirtschaftsfaktor, mit ihr werden jährlich Umsätze in zweistelliger Milliardenhöhe erzielt. Dies jedoch weniger von den Prostituierten selbst, sondern von den Zuhältern, Bordellbetreibern, Menschenhändlern – und auch der Staat verdient über die Steuern, die die Prostituierten und allgemeiner die Unternehmen des Sexgewerbes zahlen.

Bei der Prostitution handelt es sich um ein vielschichtiges Phänomen mit **sehr unterschiedlichen Erscheinungsformen**: Sie wird ausgeübt in Laufhäusern und Bordellen, in Wohnungen, in Clubs und Hotels, auf der Straße. Es gibt Call-Girls oder Hostessen, Nebenerwerbsprostituierte (Hausfrauen, Studentinnen), Beschaffungsprostituierte, die ihre Drogenabhängigkeit finanzieren, Zwangsprostituierte und Opfer von Menschenhandel. Es gibt weibliche Prostituierte, die sexuelle Dienstleistungen für Männer und/oder Frauen anbieten, männliche Prostituierte, die sexuelle Dienstleistungen für Männer und/oder Frauen anbieten, z. B. im Rahmen eines »Begleitservice« oder als »Strichjungen«. Prostituierte bieten »Sexualassistenz« für Menschen mit Behinderungen an bzw. sexuelle Dienstleistungen für (alte) Menschen, die einsam sind. Es finden sich deutsche Prostituierte, aber auch sehr viele ausländische Prostituierte, nicht immer mit einem legalen Aufenthaltsstatus. Es gibt Prostituierte in allen Altersstufen, auch Minderjährige.

In Deutschland liegen zwar mehrere soziologische Untersuchungen zur Prostitution vor, aber es gibt – im Unterschied zu manchen massenmedialen Behauptungen – **keine belastbaren Zahlen** zum gesamten Ausmaß bzw. zum prozentualen Anteil der verschiedenen Erscheinungsformen. In seiner Begründung zum Prostitutionsgesetz vom 20. Dezember 2001 geht der Deutsche Bundestag davon aus, dass es in Deutschland etwa 400.000 Personen gibt, die der Prostitution nachgehen, überwiegend Frauen. Ihre Dienste werden täglich von über 1 Million Personen, überwiegend Männern, in Anspruch genommen. Doch dies sind grobe Schätzungen, denn eine bundesweite Erhebung gibt es nicht – sie wäre auch angesichts der unterschiedlichen öffentlichen Formen und des großen Dunkelfelds nur schwer durchführbar. Am sichtbarsten sind die Frauen in den Bordellen und Laufhäusern und auf der Straße, ferner die »Strichjungen«, diese Erscheinungsformen bestimmen daher weitgehend das Gesicht der Prostitution in den Medien.

Insbesondere die ausländischen Frauen sind wegen der hohen Fluktuation schwer zu erfassen, sie werden häufig in andere Städte oder über die Grenzen gebracht und bleiben nur wenige Tage oder Wochen an einem Ort. Viele der ausländischen Frauen kommen aus Osteuropa, entweder allein oder geschleust und gehandelt, ihr Aufenthalt kann legal sein, ist aber häufig illegal. Auch der Anteil der deutschen oder ausländischen **Zwangsprostituierten** ist nicht bezifferbar – das Lagebild des Bundeskriminalamtes weist jährlich etwa 1.000 Opfer von Menschenhandel aus, die der Polizei bekannt geworden sind, das Dunkelfeld ist hoch.

Erschwert wird eine ethische Bewertung der Prostitution dadurch, dass die Unterscheidung zwischen **freiwilliger und erzwungener Prostitution** mitunter schwer zu treffen ist. Erzwungene Prostitution ist durch Zwang, Gewalt und Ausbeutung bestimmt, der Anteil von erzwungener Prostitution dürfte aber bezogen auf das gesamte Sexgewerbe relativ gering sein. Freiwillig ist die Prostitutionsausübung, wenn die Entscheidung in Abwägung mehrerer realer Erwerbsmöglichkeiten getroffen wurde. In der öffentlichen Diskussion wird die Frage der Freiwilligkeit kritisch gesehen, wenn die Entscheidung für die Prostitution aus Not oder Überschuldung erfolgt oder aus emotionaler Abhängigkeit von einem Zuhälter oder deshalb, weil die Verdienstchancen als wesentlich besser eingeschätzt werden als bei den realen Erwerbsmöglichkeiten bzw. im Vergleich zu Sozialleistungen. Auch wenn der Einstieg freiwillig erfolgte, so ist der Verbleib oft nicht (mehr) nur vom eigenen Ausstiegswillen abhängig. Dieser graue Bereich dürfte recht groß sein, ist aber ebenfalls nicht genau bestimmbar.

Nur wenige Untersuchungen haben sich bisher mit den **Kunden** oder »Freiern« befasst. Solche Freier-Befragungen weisen auf unterschiedliche Motive für den Prostitutionsbesuch hin:

Für viele geht es um schnellen, unkomplizierten Sex ohne weitere Verpflichtungen, Schuldgefühle oder Leistungsdruck, es kann auch um Belohnung gehen, um Entspannung, um das Ausleben sexueller Vorlieben und Wünsche, um Abwechslung von sexuellen Praktiken und Partnern oder Partnerinnen, manchmal auch um »Beziehung«. Männer weisen zudem darauf hin, dass sie bei Prostituierten Verletzlichkeit, Unsicherheiten und Bedürftigkeit zeigen können, sie fühlen sich nicht verantwortlich für das Gelingen des Sexualakts. Sofern sie eine Partnerin haben, können oder wollen sie mit ihr nicht über ihre Wünsche, Bedürfnisse und Ängste sprechen, stattdessen gehen sie zu Prostituierten. In vielen Partnerschaften scheinen Sprachlosigkeit, Scham und Angst das Sexualleben zu bestimmen, beide Partner sind in Rollenvorstellungen gefangen, wie sich Männer und Frauen in einer Beziehung sexuell zu verhalten haben.

Prostituierte berichten darüber hinaus von Kunden, die gezielt Prostituierte aufsuchen, um sie zu erniedrigen und ihnen Gewalt anzutun. Unter bestimmten Bedingungen wird von Männern auch Verkehr ohne Kondom durchgesetzt. Während solche Formen der Prostitution ganz offensichtlich nicht mit der oben entwickelten ethischen Kriteriologie vereinbar sind, so ist dies in anderen Fällen, bspw. der oben bereits angesprochenen Sexualassistenz (vgl. Kap. 3.1.2.1), nicht in gleicher Weise eindeutig. Zu den Formen von Prostitution, die nicht so eindeutig problematisch sind, wie z. B. Prostitution auf Nachfrage durch Frauen, durch Menschen mit Behinderungen und durch einsame, ältere Menschen, liegen so gut wie keine Erkenntnisse über ihre Verbreitung vor. Möglicherweise sind diese Nachfrageformen (u. a. wegen des demographischen Wandels) steigend. Gleichwohl gilt: Für alle Formen der Prostitution muss für ihre ethische Bewertung die oben entwickelte Kriteriologie herangezogen werden, d. h. in allen Fällen sind die Handlungen der Kunden, die Handlungen der Prostituierten sowie die Interaktion zwischen beiden anhand der ethischen Kriterien zu bewerten.

### *Ethische Gesichtspunkte*

Prostitution wird in unserer Gesellschaft unter mehreren Blickwinkeln bewertet und eingeordnet: Zum einen gibt es die **rechtsethische Bewertung von Prostitution durch den Staat,** zum anderen gibt es sich wandelnde **Einstellungen in der Bevölkerung** zu Prostitution und zu den Prostituierten. Beides ist für die Entwicklung einer evangelischen sexualethischen Haltung zu reflektieren, um Übereinstimmungen, aber auch Abgrenzungen verdeutlichen zu können.

Unser heutiges **Rechtssystem** behandelt Prostitution differenziert: Es gibt den illegalen Bereich von Prostitution, der strafrechtlich (u. a. Zwangsprostitution, Minderjährigenprostitution) oder zumindest ordnungsrechtlich (z. B. Ausübung in Sperrgebieten) verfolgt wird; einen grauen Bereich, in dem die Prostitutionsausübung zwar legal, aber von Ausbeutung und latenter Gewalt bestimmt ist; und einen legalen Bereich der freiwilligen Prostitution Erwachsener, in dem sie seit dem Prostitutionsgesetz 2001 rechtlich fast einem Beruf gleichgestellt ist, d. h. sie kann selbstständig oder in einem (versicherungspflichtigen) Beschäftigungsverhältnis ausgeübt werden.

Der Gesetzgeber ist dabei von folgender rechtsethischer Haltung ausgegangen, die im Bericht der Bundesregierung zum Prostitutionsgesetz ausgeführt ist:

Prostitution wird vom Staat als gesellschaftliche Realität angesehen, die weder abgeschafft noch aufgewertet werden soll. Der Staat versteht seine Rolle insoweit als weltanschaulich neutral. Gleichwohl wird Prostitution nicht als erwünschte Form wirtschaftlicher Betätigung angesehen, die sozialen Ausprägungen und Folgen von Prostitution werden vielmehr differenziert bewertet.

So weist Prostitution gleichstellungspolitisch problematische Implikationen auf, denen der Staat entgegensteuern will – z. B. durch die Eröffnung anderer Optionen der Lebensgestaltung für Prostituierte. Repressive Maßnahmen jedoch, das zeigen die Erfahrungen, drängen Prostitution in ein Dunkelfeld ab und erschweren damit staatliches Handeln zur Verringerung von Risiken, Nachteilen und problematischen Erscheinungsformen. Der Gesetzgeber hat sich daher dafür entschieden, Prostitution möglichst in ein Hellfeld zu überführen und die Bedingungen, unter denen sie praktiziert wird, in rechtsstaatlicher Weise zu kontrollieren. Hierzu wurden bestehende rechtliche Diskriminierungen von Prostituierten abgebaut, ohne Prostitution als Beruf rechtlich zu regeln. Sie unterliegt daher nicht der Arbeitsvermittlung, Arbeitgeber haben auch kein umfängliches arbeitsrechtliches Weisungsrecht. Staatliche Kontrollmaßnahmen befinden sich noch im Aufbau.

Die autonome Entscheidung erwachsener Personen, als Prostituierte zu arbeiten, wird vom Staat als Ausdruck ihrer Personenwürde und ihrer individuellen Handlungsfreiheit respektiert, solange keine rechtlich geschützten Interessen anderer verletzt werden. Dies gilt auch, wenn die eigenverantwortlich ausgeübte Prostitution typischerweise mit erheblichen Gefahren und Risiken sowie mit psychischen und physischen Auswirkungen behaftet ist. Der Gesetzgeber sieht diese Risiken und Gefahren nicht bei allen Formen der Prostitution in gleichem Maße, sie hängen vielmehr wesentlich von den Bedingungen ab, unter denen sie ausgeübt wird. Diese Bedingungen sollten durch den Staat verbessert und kontrolliert werden. Der Staat sieht es dagegen nicht als seine Aufgabe an, Menschen vor den Folgen ihrer Lebensentscheidungen zu bewahren, die sie in freier Selbstverantwortung getroffen haben. Er definiert es vielmehr als Aufgabe aller gesellschaftlichen Kräfte (und damit auch der Kirchen), die problematischen Auswirkungen der Kommerzialisierung von Sexualität auf die Geschlechterrollen und deren nachteilige Auswirkungen auf das Ziel einer gleichberechtigten Partnerschaft zu thematisieren und insbesondere Jungen und Männer für ihre Verantwortung zu sensibilisieren.

Kriminalität im Umfeld von Prostitution sowie sozialschädliche und menschenrechtswidrige Formen von Prostitution wie Zwangsprostitution, Menschenhandel sowie die Hinführung Minderjähriger zur Prostitution und sexueller Missbrauch Minderjähriger werden weiterhin mit allen Mitteln des Rechtsstaates bekämpft, Opfer erhalten staatlichen Schutz und Hilfe.

Verschiedene **Meinungsumfragen** haben deutlich gemacht, dass die Mehrheit der Bevölkerung und der Organisationen in Deutschland Prostitution zwar nicht als »normalen« Beruf ansieht, gleichwohl aber einen offenen und toleranten Umgang mit Prostitution befürwortet und diese mehrheitlich nicht mehr als sittenwidrig bewertet.

Zu beachten ist allerdings: Die in der Gesellschaft immer noch anzutreffenden eindimensionalen Geschlechterbilder werden durch Prostitution aufrechterhalten oder gar weiter verstärkt: Frauen werden nicht als Person mit eigenen Wünschen und Bedürfnissen wahrgenommen, sondern als Sexualobjekte, die den Männern für deren Wünsche zur Verfügung stehen (müssen). Frauen sind die »ewigen Verführerinnen«, deren Angebote bereits ausreichen, um Männer vom Pfad der Tugend abzubringen, gleichzeitig werden sie deswegen als »Hure«, »Nutte« oder »Schlampe« abgewertet und an den Rand der Gesellschaft gerückt. Das Männerbild wird reduziert auf den Mann mit einer funktionalen Sexualität, die offenbar nichts mit seiner sonstigen Persönlichkeit zu tun hat: »Männer brauchen das«, »Männer können nicht anders, das ist eben der Trieb« sind Aussagen, die jeder kennt und ein eher erbärmliches Bild von männlicher Sexualität vermitteln, jedenfalls kein Bild einer selbstbestimmten und verantwortungsvollen männlichen Persönlichkeit mit der Fähigkeit zu Zärtlichkeit, Empathie und lustvollem Erleben.

Prostitution kann zudem nicht als förderlich für die sexuelle Identitätsbildung angesehen werden, selbst und gerade dann nicht, wenn ein männlicher Jugendlicher durch eine erfahrene Prostituierte in die Sexualität eingeführt werden soll: Jugendlichen wird auf diese Weise vermittelt, dass eine derart reduzierte Sexualität außerhalb von Beziehung Normalität ist; Männer stellen sich nicht ihren Schwierigkeiten und den Anforderungen einer Partnerschaft, wenn sie Probleme und Wünsche nicht bei ihrer Partnerin ansprechen, sondern »auslagern«. In einem solchen Verhalten wird männliche Sexualität auf Triebabfuhr reduziert, die zu ihrer Erfüllung keiner persönlichen Begegnung, keiner Vertrautheit, keiner Intimität, keiner Emotionen bedarf. Männliche und weibliche Prostituierte müssen auf der anderen Seite ihre Tätigkeit abspalten, wenn sie ihre eigene Sexualität nicht schädigen wollen; gefördert wird ihre sexuelle Identitätsbildung sicher nicht.

Anders als der Staat kann eine **evangelische Sexualethik** keine neutrale Haltung einnehmen, sie hat Stellung zu beziehen. Sie kann sich auch nicht allein davon leiten lassen, was die Mehrheit der Bevölkerung denkt oder was gängige Praxis ist, sondern sie hat die Aufgabe, Richtschnur zu sein und Kriterien aufzuzeigen, die sowohl für die individuelle Entscheidung als auch für gesellschaftliches Handeln leitend sein können.

Zur Bewertung von sexuellem Verhalten dienen die **theologisch-ethischen Kriterien** (vgl. Kap. 2.4), an denen auch die Sexualität im Rahmen von Prostitution zu messen ist. Nach diesen

Kriterien gehört Prostitution nicht zu den ethisch unbedenklichen Formen von Sexualität. Dies fängt bereits bei den **Voraussetzungen** an: Selbst wenn die Voraussetzungskriterien von Freiwilligkeit und Chancengleichheit vorliegen sollten (was bei den Prostituierten meistens nicht der Fall ist), so ist nicht automatisch davon auszugehen, dass sich beide Vertragspartner in gegenseitigem Respekt begegnen. Ob sich beide gleichberechtigt gegenüberstehen, ist ebenfalls zu bezweifeln, in den meisten Fällen dürfte dies nicht der Fall sein, auch wenn die Frage, wer wem überlegen ist, möglicherweise von der Prostituierten und dem Kunden unterschiedlich beantwortet wird. Jedenfalls geht es beim Handel mit Sexualität nicht um Beziehung, auch wenn manche Kunden dies für sich anders definieren mögen. Bei der kommerziellen Sexualität stehen – um an die **Vollzug**skriterien gelingender Sexualität zu erinnern – eben nicht die Verbindlichkeit der Beziehung, Verlässlichkeit und gegenseitige Verantwortung im Vordergrund, denn es geht nicht um die jeweilige Person und ihr langfristiges Wohlergehen. Auch die **Folgen** sind eher negativ einzuordnen: Lebenszufriedenheit erwächst kaum aus diesem Austausch, weder für den Kunden, der über eine kurzfristige Befriedigung hinaus eher Schuldgefühle mitnimmt, noch für die Prostituierte, die selbst bei professionellem Umgang mit ihrer Tätigkeit zumeist Schamgefühle entwickelt, die es ihr z. B. nicht erlauben, offen über ihre Tätigkeit zu sprechen. Dies gilt für weibliche und männliche Prostituierte gleichermaßen. Für eine bestehende Partnerschaft des Kunden bzw. der Kundin stellt der Kauf von Sexdienstleistungen einen Vertrauensbruch gegenüber der Partnerin bzw. des Partners dar. Prostitution gefährdet damit das gute Leben aller Beteiligten.

Und doch ist Prostitution Lebensrealität, sind auch evangelische Christen (und nicht immer nur die anderen) als Anbietende oder Kunden in Prostitution involviert. Ihnen ist nicht damit geholfen, Prostitution und ihre eigene Rolle darin generell zu ächten und als menschenfeindlich zu bewerten, ohne Differenzierungen zuzulassen. In diesem Spannungsverhältnis von unerwünschten sexuellen Verhaltensformen einerseits und der Lebensrealität andererseits, die nicht ausschließlich destruktiv sein muss, sollte die Möglichkeit eines verantwortungsvollen, hier konkret: respektvollen Umgangs miteinander in den Blick genommen werden. Ein lebensnaher und menschenfreundlicher Ansatz kann daher differenzieren zwischen unterschiedlichen Formen von Prostitution, unterschiedlichen Gründen für das Aufsuchen von Prostituierten und durchaus unterschiedlichen Formen der Begegnung zwischen Prostituierten und Kunden bzw. Kundinnen.

Selbstverständlich ist jegliches strafrechtlich relevante Verhalten ethisch nicht zu rechtfertigen, dazu gehören sozialschädliche und menschenrechtswidrige Formen von Prostitution wie Zwangsprostitution, Menschenhandel sowie die Hinführung Minderjähriger zur Prostitution und der sexuelle Missbrauch Minderjähriger. Dies sind destruktive Formen von Sexualität (vgl. Kap. 3.3).

Prostitution ist zwar nicht per se destruktiv, aber auch selten lebensförderlich. Zwischen diesen beiden Polen gibt es viele Ambivalenzen, Probleme und Fragen: Selbst wenn »beziehungslose«, gekaufte Sexualität generell als problematisch anzusehen ist, so ist eine Begegnung mit gegenseitigem Respekt doch ethisch zu bevorzugen. Eine wertschätzende Begegnung wird nicht den gleichen Unwert aufweisen wie der erniedrigende Warentausch ohne Respekt vor dem anderen. Auch innerhalb einer schuldhaften Verstrickung ist »Anständigkeit« möglich und einzufordern! In Umdeutung des berühmten Wortes von Adorno »Es gibt kein richtiges Leben im falschen.« könnte man sagen: »Es gibt ein richtigeres Leben im falschen.«

Wenn sich behinderte, alte und einsame Menschen Sexualität wünschen und dies nur mit gekaufter Sexualität umsetzen können, so ist dies nicht kategorisch abzulehnen (vgl. Kap. 3.1.2.1); vielmehr muss man sich der grundsätzlichen Frage stellen, wie das Grundbedürfnis nach Sexualität gelebt werden kann und darf. Hinzu kommt die Frage, ob jeder Wunsch im Rahmen von Sexualität erfüllt werden muss, auch wenn der Partner bzw. die Partnerin sich diesem Wunsch verweigert. Wenn die Erfüllung von Wünschen »ausgelagert« wird, um (angeblich) den Partner oder die Partnerin nicht zu belasten, ist dies der Partnerschaft dienlich oder nicht? Diese Fragen können anhand der Kriterien der Achtung von Andersheit und der Lebensdienlichkeit betrachtet werden. Gemäß ihrer zuvor skizzierten Deutung gilt, auch wenn die Sexualität starke Bedürfnisse generiert: Es müssen, es dürfen und es können nicht alle Bedürfnisse ausgelebt werden. Es gehört vielmehr zur menschlichen Identitätsbildung, auch zu lernen, mit bestimmtem Verzicht umzugehen.

Von dieser ethischen Beurteilung her ist es weder für die eigene persönliche Entwicklung noch für die Entwicklung der Partnerschaft förderlich, sich einfach das Gewünschte anderweitig zu beschaffen (anstatt sich zu bescheiden) oder zur eigenen Entlastung darauf zu verzichten, seine Wünsche in der Partnerschaft auszuhandeln. Wenn es Schwierigkeiten in der partnerschaftlichen Kommunikation gibt, so ist hier anzusetzen und nicht nach Auswegen zu suchen, wie diese Schwierigkeiten umgangen werden können. Beziehungen machen Mühe, gerade in einem so sensiblen Bereich wie der Sexualität mit den damit oft verbundenen Schuld- und Schamgefühlen – und nur an diesen Schwierigkeiten ist Wachstum möglich.

### *Keine Ächtung der Prostituierten*

Doch auch in dem Fall, in dem entsprechend der Kriteriologie Prostitution aus ethischen Gründen abgelehnt werden muss, darf sich die Kirche nicht an der **Abwertung und Diskriminierung von Prostituierten** beteiligen oder vor diesen Erscheinungen die Augen verschließen. In ihrer Bildungsarbeit wie auch in ihrer politischen Arbeit muss sie gegen Frauenverachtung und Prostituiertenverachtung Stellung beziehen und sich dafür einsetzen, dass sich die gesetzlichen Rahmenbedingungen für Prostituierte weiter verbessern. Repressive Maßnahmen, das hat die Erfahrung gezeigt, führten nicht zur Verminderung der unerwünschten Prostitution, sondern nur zu einem verringerten Schutz und zur Diskriminierung der Prostituierten oder ihrer Kunden.

Mit dem Gesetz zur Regelung der Rechtsverhältnisse der Prostituierten von 2001 wurde der rechtliche Rahmen zur Ausübung legaler Prostitution Erwachsener zwar erstmals geregelt, jedoch konnte das Prostitutionsgesetz die vom Gesetzgeber intendierten Zielsetzungen,

- die Sittenwidrigkeit der Prostitution abzuschaffen,
- Prostituierten die Einklagbarkeit ihres Lohns zu sichern,
- ihren Zugang zur Sozialversicherung zu erleichtern,

- kriminellen Begleiterscheinungen der Prostitution den Boden zu entziehen,
- den Ausstieg aus der Prostitution zu erleichtern und
- bessere (möglichst wenig gesundheitsgefährdende) Arbeitsbedingungen zu sichern,

nur zu einem begrenzten Teil erreichen, da es z. B. noch keine Kontrollmöglichkeiten vorsah.

Durch die neue Reglementierung der Prostitution soll eine konsequente Bekämpfung von Menschenhandel, Zwangsprostitution und Minderjährigenprostitution ermöglicht sowie ein größtmöglicher Schutz von Prostituierten vor Gewalt und Ausbeutung erreicht werden. Dafür werden die rechtlichen Instrumentarien z. B. des Gewerbe-, Polizei- und Ordnungsrechts ausgebaut, um die Bedingungen, unter denen Prostitution praktiziert wird, zum Schutz der Prostituierten einer rechtsstaatlichen Kontrolle zu unterwerfen und kriminellen Begleiterscheinungen vorzubeugen.

Nicht alle Prostituierten sind von Ausbeutung, Gewalt und unzumutbaren gesundheitlichen Bedingungen tatsächlich betroffen. Die für sie bestehenden Risiken und Gefahren hängen jedoch in starkem Maße von den Bedingungen ab, unter denen Prostitution ausgeübt wird. Es ist daher wichtig, diese Bedingungen jetzt staatlich zu regeln und zu kontrollieren. Die unzumutbaren Aspekte der Prostitution können dadurch begrenzt werden.

Auch zum Schutz der Allgemeinheit sind solche Instrumente erforderlich, um besonders unzuträgliche Auswüchse oder mit besonderen Gefahren für das Wohl der Allgemeinheit verbundene Geschäftsmodelle unterbinden zu können.

Die Einführung verbesserter Aufsichts-, Kontroll- und Überwachungsbefugnisse einschließlich einer Erlaubnispflicht für Prostitutionsstätten muss

- der Verbesserung des Schutzes der Prostituierten vor Gewalt und Ausbeutung in der Prostitution,
- der verbesserten Bekämpfung des Menschenhandels
- und der Verbesserung des Arbeits- und des Gesundheitsschutzes für die Prostituierten

dienen.

Deshalb ist die Ergänzung des Prostitutionsgesetzes durch ein Prostituiertenschutzgesetz wichtig, weil dieses einer Gefährdung des Rechts auf sexuelle Selbstbestimmung, des Rechts auf körperliche Unversehrtheit und auf menschenwürdige Arbeitsbedingungen entgegenwirkt. Verbote, Verpflichtungen und andere repressive Maßnahmen für Prostituierte oder spezielle Gruppen von Prostituierten müssen allerdings immer daran gemessen werden, ob sie die Betroffenen tatsächlich schützen oder ob sie sie in den Untergrund treiben, wo sie Unterstützungsangeboten und schützenden Kontrollmaßnahmen nicht zugänglich sind. Auch das Ausländerrecht ist so anzupassen, dass ausländische Prostituierte nicht automatisch Repressionen ausgesetzt und ausbeutbar sind. Staatlich zu kontrollieren sind insbesondere die wirtschaftlichen Nutznießer von Prostitution.

Die Kirche muss **ausstiegswillige** männliche und weibliche **Prostituierte** dabei unterstützen, aus dem Milieu herauszukommen und sich eine neue Existenz aufzubauen. Die Kirche kann Menschen nicht davor bewahren, selbstschädigende Lebensentscheidungen zu treffen, aber sie kann beraten und helfen, diese Entscheidungen rückgängig zu machen oder zumindest die Folgen abzumildern. Konkrete Hilfsangebote für den Ausstieg, Streetwork und andere Formen der sozialen Arbeit sind mit einem akzeptierenden Ansatz bereitzuhalten, damit diese Angebote nicht zu einer weiteren Ausgrenzung der Betroffenen führen.

In ihrer **Erziehungs- und Bildungsarbeit** (Kindergärten, Horte, Schulen, Erwachsenenbildung und -beratung) muss die Kirche generell, d. h. auch unabhängig vom Thema der Prostitution, eine Auseinandersetzung mit den Bildern von männlicher und weiblicher Sexualität fördern und stereotypen Rollenbildern entgegenwirken. Nicht nur für die weibliche, sondern auch für eine erfüllte männliche Sexualität sind Gefühle und Beziehungen wichtig. In der Paarberatung geht es häufig um das Kommunikationsverhalten des Paares, hierbei muss auch das Sprechen über sexuelle Wünsche, Bedürfnisse, aber auch über Schuld und Scham eine Rolle einnehmen.

Wo immer möglich, sollten auch die problematischen Rahmenbedingungen und Auswirkungen der **Kommerzialisierung von Sexualität** angesprochen werden, ihre problematischen Auswirkungen auf die Beteiligten, auf die Geschlechterbilder und auf das Ziel einer gleichberechtigten Partnerschaft. Eine solche wertebezogene Diskussion ist gerade auch mit Blick auf junge Männer als mögliche künftige Prostitutionskunden und auf junge Frauen als potenzielle Anbieterinnen zu führen.

## 3.3 Sexualität destruktiv: Gewalt und Machtmissbrauch

### 3.3.1 Erscheinungsformen und Hintergründe

Es gibt einen breiten gesellschaftlichen Konsens, dass die destruktive Verbindung von Sexualität, Gewalt und Missbrauch ethisch nicht zu vertreten oder zu rechtfertigen ist. Gewaltförmigen, nicht einverständlichen sexuellen Akten oder erzwungenen sexuellen Akten unter Ausnutzen eines Abhängigkeitsverhältnisses fehlen grundsätzliche Kennzeichen verantwortlichen Handelns im Bereich der Sexualität: die Freiwilligkeit und das Gebot, nicht zu schaden, herrschaftsfreie Verhandlungsmoral, Respekt vor der Andersheit des anderen sowie Freude an seinem Wohlergehen und seiner Lebenszufriedenheit. Doch gibt es eine Reihe von Fragen zum Umgang mit destruktiver Sexualität, die darüber hinaus sexualethisch zu diskutieren sind. Die Fragen betreffen nicht nur die Täter oder die Täterinnen in ihrer Verantwortlichkeit, sondern vor allem die **Haltung der Gesellschaft** dem Vorkommen sexualisierter Gewalt, den Opfern der Gewalt und den Gewalt Ausübenden gegenüber. Die Haltung der Gesellschaft ist nämlich ausschlaggebend dafür, ob Täter und Täterinnen sich bei ihren Übergriffen sicher fühlen können und ob Opfer Gehör, Anerkennung und Unterstützung erfahren. Auch und gerade von dieser Haltung hängt es ab, ob Opfer erneut verletzt werden und dem direkten Schaden durch die Gewalt ein weiterer, indirekter Schaden hinzugefügt wird. Dies ist z. B. der Fall, wenn Opfern bei der Mitteilung und Offenlegung des Geschehenen in einer Gerichtsverhandlung nicht geglaubt oder das Geschehen bagatellisiert wird oder wenn Opfer öffentlich und im privaten Kontakt beschämt werden. Ethische Fragen wirft auch die Haltung denen gegenüber auf, die Gewalt ausgeübt und Schuld auf sich geladen haben, die aber nicht in einer einfachen Weise dämonisiert werden dürfen. Alle Menschen – auch die, denen sexualisierte Gewalt noch so fern liegt – müssen sich, bezogen auf ihre Haltung zu und ihre eigene Auseinandersetzung mit sexualisierter Gewalt, ethischen Fragen stellen. Die ethischen Kategorien sind nicht nur auf eine Gewalttat, sondern auf den Umgang mit Gewalt aufseiten der Gewaltlosen zu beziehen. Dem Leben und der Menschlichkeit dient es, wenn sexualisierte Gewalt so weit wie möglich verhindert wird, wenn vorkommende Gewalt so rasch wie möglich beendet wird, wenn das Geschehen als Unrecht und Leid anerkannt wird und wenn Opfer bei der Bewältigung der Gewalt und beim Geltendmachen ihrer Ansprüche unterstützt werden.

Ein Blick in die Geschichte zeigt, dass es immer sexualisierte Gewalt (im heutigen Sinn) gab, dass aber die Definition von sexualisierter Gewalt als zu ächtende Handlung zeitgeschichtlichen Einflüssen unterliegt. Als Beispiel: In der Geschichte Europas wurde bis in das 18. Jahrhundert hinein das, was heute als sexualisierte Gewalt bezeichnet wird, als legitimes, wenn auch nicht legales Privileg von Männern in Machtpositionen verstanden. Sie hatten bestimmte Rechte oder nahmen sie sich, über Frauen in einer untergeordneten Position wie z. B. Dienstmädchen oder Arbeiterinnen sexuell zu verfügen. Ein anderes Beispiel sind die »ehelichen Pflichten« zum Geschlechtsverkehr, die im Bürgerlichen Gesetzbuch festgeschrieben waren. Sie werden heute als dem Prinzip der sexuellen Selbstbestimmung widersprechend empfunden (vgl. Kap. 2.3.6). Erst 1997 stellte die Reform des §177 StGB Vergewaltigung in der Ehe der Vergewaltigung außerhalb der Ehe als Straftatbestand gleich. Sexuelle Übergriffe und sexueller Missbrauch Schutzbefohlener in

Erziehungseinrichtungen sowie die offene oder unterschwellige Sexualisierung pädagogischer Verhältnisse wurden erst spät als Skandal aufgedeckt.

Die Definition dessen, was als sexualisierte Gewalt bezeichnet wird, ist heute umfassender als früher. Der Blick richtet sich heute auf Frauen und Männer, auf Kinder, Jugendliche, Erwachsene, Alte und Menschen mit Behinderung als Opfer. Der Wandel wird als **Sensibilisierung** und **Enttabuisierung** beschrieben, doch immer noch lassen sich **Sprachlosigkeit**, eine **Ausgrenzung** des Themas und eine **Verweigerung**, die Dimensionen sexualisierter Gewalt zur Kenntnis zu nehmen, feststellen.

Auch heute ist die Definition sexualisierter Gewalt nicht einheitlich und nicht eindimensional. Die Bezeichnung **»sexualisierte Gewalt«** wird verwendet, wenn Erwachsene, und **»sexueller Missbrauch«**, wenn Kinder und Jugendliche Opfer sind. Die beiden Begriffe »sexuelle Gewalt« und »sexueller Missbrauch« werden kontrovers diskutiert. Der Begriff »sexuelle Gewalt«, so die Kritik, würde unterstellen, dass es sich bei den Handlungen um einen gewaltförmigen Ausdruck von Sexualität handeln würde. Doch das sei eine Verkehrung der Aspekte: In erster Linie handelt es sich um einen sexualisierten Ausdruck von Gewalt und Macht. Die Gewaltausübung und der Akt der Unterwerfung sind für Täter oder Täterinnen mit sexuellen Bedeutungen aufgeladen und sie treffen das Opfer an einer besonders verwundbaren, weil intimen Stelle. Viele verwenden daher den Begriff der »sexualisierten Gewalt« (mit sexuellen Bedeutungen aufgeladene Gewalt) statt »sexueller Gewalt«. Gegen den Begriff »sexueller Missbrauch« wird vor allem eingewendet, er würde unterstellen, es gäbe auch so etwas wie das

Gegenteil, nämlich sexuellen Gebrauch. »**Sexuelle Übergriffe**« oder »**Grenzverletzungen**« werden als alternative Begriffe vorgeschlagen. Diese Differenzierungen sind im Kontext sexueller Kommunikation unter Kindern und Jugendlichen auch sinnvoll, weil beim sexuellen Lernen ungewollte Grenzüberschreitungen nicht immer zu vermeiden sind und diese Grenzüberschreitungen nicht einen sexuellen Missbrauch im eigentlichen Sinn darstellen. »Sexueller Missbrauch« wurde aber als Begriff in das Strafrecht aufgenommen und wird häufig mit Bezug auf die gesetzliche Definition des Straftatbestandes genutzt. Der Begriff wird auch von Kindern und Jugendlichen verstanden, die das Erlebte oft nicht als Gewalt bezeichnen würden.

Sexualisierte Gewalt kann unterschiedliche Formen annehmen: von Exhibitionismus bis zu Vergewaltigung in einer Ehe oder als Kriegswaffe, von sexuell anzüglichen Witzen, die Personen herabsetzen, bis zu sexueller Ausbeutung, von der Verunglimpfung sexueller Orientierungen und sexueller Denunziation bis zu sexuellem Missbrauch. Sexualisierte Gewalt und sexuelle Ausbeutung treffen überwiegend Frauen und seltener Männer, sexueller Missbrauch trifft Mädchen und Jungen. Sexualisierte Gewalt ist immer mit **Machtausübung** verbunden – egal zwischen wem. Drei Viertel aller Fälle sexuellen Missbrauchs werden von Personen ausgeübt, denen das Kind vertraute bzw. die sich das Vertrauen des Kindes erschlichen und keine manifeste körperliche Gewalt anwandten.

Der **Gewaltcharakter** von einigen Handlungen ist eindeutig. Bei anderen Formen, z. B. bei sexueller Belästigung, sind weniger eindeutige Einschätzungen zu beobachten, was noch tolerable Umgangsform und was schon unzulässiger Übergriff und Gewalt sind. Diese Kontroversen werden dadurch genährt, dass es unterschiedliche Dimensionen der Einordnung einer Handlung als sexualisierte Gewalt gibt: Es gibt »objektive« Definitionen, die unabhängig davon, wie das Opfer oder der Täter bzw. die Täterin die Handlung definieren, die Gewaltförmigkeit an bestimmten, objektiv gegebenen, nachweisbaren Merkmalen festmachen. Beispiele dafür sind das Strafrecht, die Psychologie oder politische Definitionen. Das Strafrecht verlangt in seiner eigenen Logik z. B., dass das Opfer Gegenwehr oder Ablehnung ausgedrückt haben muss, sodass der Täter oder die Täterin verstehen musste, dass die von ihm oder ihr intendierte Handlung von dem Opfer nicht gewollt war, oder es legt Altersgrenzen von Opfer und Täter bzw. Täterin für die Definition von sexuellem Missbrauch fest. In der Psychologie wird Gewalt über messbare Angstreaktionen aufseiten des Opfers und auf Täterseite über das Ausmaß von Aggression definiert. Die UNO-Definition bezieht die Androhung von Gewalt mit ein. Den objektiven Definitionen stehen die Definitionen gegenüber, die das **Erleben der Opfer** als Maßstab nehmen: Unabhängig von objektiven Merkmalen wird das als sexualisierte Gewalt definiert, was Opfer als solche erleben. Insgesamt gesehen kann die Definition von Gewalt eine Reihe unterschiedlicher Kriterien zugrunde legen: das Auftreten von (gravierenden, objektiv nachweisbaren, sichtbaren, körperlichen oder psychischen) Folgen, das Vorliegen einer Absicht zu verletzen, zu unterwerfen, auszunutzen aufseiten des Täters oder der Täterin, das subjektive Empfinden des Opfers, die Verletzung prinzipieller ethischer Werte (z. B. der Würde des Opfers) und schließlich die Einbettung der Handlung in ein Machtverhältnis und das Ausnutzen einer Abhängigkeit.

Es ist möglich, dass sich diese Bestimmungsdimensionen widersprechen und dass auch die ethischen Kategorien keine eindeutige Antwort auf die Frage geben, welche Haltung zu dem jeweiligen Geschehen eingenommen werden sollte. Hinzu kommt die Schwierigkeit, dass es Schuldzuweisungen an Opfer oder eine Verantwortungsübernahme durch Opfer sowie Umdeutungen von Gewalt gibt, sodass »Täter« und »Opfer« nicht immer eindeutig klar erkennbare Rollen sind. So ist es eine bekannte Täterstrategie, sexuellen Missbrauch als einen Liebesbeweis mit der Folge umzuetikettieren, dass die Opfer zumindest eine Zeit lang die Übergriffe sogar verteidigen und/oder sich von dem Täter oder der Täterin nicht trennen wollen. Diese Situationen sind für Dritte schwer erträglich wie auch allgemein alle intimen Gewaltbeziehungen, aus denen Opfer sich nicht loslösen können. Einen Anhaltspunkt für eine Einordnung unter ethischer Perspektive geben aber die Überlegungen, dass es primär um Macht geht und zwar um gerade nicht lebensdienliche, sondern **destruktive Macht**. Diese Macht kann eine Bindung der Opfer an die Täter oder Täterinnen erzeugen. Diese Macht baut auf Unterschieden nach Alter und nach Geschlecht auf und ist systematisch mit Überlegenheit auf der einen Seite und Ohnmacht oder Wehrlosigkeit auf der anderen Seite verbunden.

Sexualisierte Gewalt hat sehr unterschiedliche, aber überwiegend stark destruktive **Folgen**. Sexualität ist ein intimer, sehr persönlicher und damit ein sehr verletzbarer Bereich. Die Erfahrung sexualisierter Gewalt ist eine Erfahrung, Grenzen der Nähe und die eigene körperliche Integrität nicht wahren zu können. Besonders destruktive Folgen hat chronische sexualisierte Gewalt, die Teil von Beziehungen im nahen Umfeld ist. Bei Tätern und Täterinnen aus dem Umfeld wird sexualisierte Gewalt auch als ein Missbrauch von Vertrauen erlebt. Traumatisierungen durch sexualisierte Gewalt gehen einher mit einer **Erschütterung des Vertrauens in die Verlässlichkeit und Freundlichkeit der Welt und der sozialen Beziehungen**. Bei sexuellem Missbrauch in der Kindheit besteht die Gefahr, dass der Zugang zur eigenen Sexualität als gute Gabe Gottes verschüttet wird, weil z. B. das Gefühl für die eigenen Grenzen und die Unterscheidung von angenehmen und unangenehmen Gefühlen nicht erworben werden konnten oder weil sexualisiertes Verhalten als normal vermittelt wurde oder weil Sexualität als mit Angst und Ekel verbunden erlebt wurde.

Die langfristigen Folgen hängen aber nicht allein von der Gewalttat oder der Gewaltbeziehung als solcher ab, sondern davon, wie das Opfer die Erlebnisse bewältigen kann und somit auch davon, wie die Umgebung die **Bewältigung** unterstützt oder behindert. Psychische Symptome oder Verhaltensweisen von durch sexualisierte Gewalt Traumatisierten können gedeutet werden als Versuche, mit diesen Gewalterfahrungen weiterzuleben. Um Opfer nicht nur als bemitleidenswerte Verstörte zu sehen, sondern diese große Leistung, mit den kaum zu bewältigenden Erfahrungen weiterzuleben, zu würdigen, wird häufig auch von **»Überlebenden« statt von »Opfern«** gesprochen. Mitleid kann Opfer ein weiteres Mal schwächen und hilft ihnen nicht bei dem Kampf, wieder ein gutes Leben führen zu können. Opfer sexualisierter Gewalt (im rechtlichen Sinn) möchten meistens nicht als Opfer im moralischen Sinn behandelt werden. Eine besondere Rolle spielt die Möglichkeit, sich mit dem Erfahrenen an eine Vertrauensperson zu wenden. Solange nicht offen über Sexualität gesprochen werden kann, kann auch nicht offen über sexualisierte Gewalt gesprochen werden und die Hürden, sich mitzuteilen, bleiben hoch.

### 3.3.2 Sexualisierte Gewalt im Verantwortungsbereich der Kirche

Ab Anfang der 1970er Jahre wurden Vergewaltigung von Frauen innerhalb und außerhalb von Partnerschaften und ab etwa Mitte der 1980er Jahre sexueller Missbrauch in der Familie zu großen Themen. Seit 2010 wurde durch das Öffentlichmachen von sexuellem Missbrauch in einem katholischen Schulkollegium schlagartig deutlich, dass sexualisierte Gewalt auch in den zentralen Einrichtungen der Kirche stattgefunden hat und wohl auch weiter stattfindet. In der evangelischen Kirche wurden Fälle von sexualisierter Gewalt durch Amtsträger, weltliche Ehrenamtliche und Bedienstete im kirchlichen Dienst und/oder in Einrichtungen der Jugend- und der Behindertenhilfe aufgedeckt. Zugleich ließ sich (unabhängig davon, ob es sich um konfessionelle oder nicht konfessionelle Einrichtungen handelte) feststellen, dass bei Bekanntwerden von Vorwürfen nicht angemessen reagiert wurde, häufig Täter in Schutz genommen wurden und um Opferentschädigung lange gestritten wurde. Täter waren – mitunter auch angesehene – Mitglieder der Kirche, denen man gerade in den Einrichtungen, die sich selbst als große Familie verstanden, Missbrauch nicht zutraute. Eine negative Öffentlichkeit wurde befürchtet. Auch sexualisierte Gewalt unter den Bewohnern und Bewohnerinnen von Einrichtungen wurde lange Zeit wenig beachtet und in diesen Fällen wenig interveniert.

Sexualisierte Gewalt an Erwachsenen und sexueller Missbrauch an Kindern und Jugendlichen im Kontext der Kirche hat besondere Züge, die der Kirche eine **besondere Verantwortung für die Aufarbeitung** der Fälle auferlegen. Die Einrichtungen der Jugend- und Behindertenhilfe wie Heime und Internate waren überwiegend (teilweise geschlossene) Institutionen, in denen zwischen Betreuern und Betreuten ein besonderes Abhängigkeitsverhältnis bestand. Bei sexuellem Missbrauch wurden die Macht und die Autorität der Institutionenvertreter und das Vertrauen, das die Schutzbefohlenen zu ihnen hatten, ausgenutzt und gerade »Gottesvertrauen« machte Opfer zur »leichten Beute«. Beschrieben wurde die Verquickung von erzwungenen sexuellen Akten mit religiösen Deutungen (sexuelle Akte als Gottes Wille oder Gottes Prüfung) und die Umetikettierung von Missbrauch in eine pädagogische Maßnahme, auch verbunden mit körperlicher Züchtigung. Missbrauch im Kontext der Kirche hat besonders schwere Folgen, wenn der Glaube und eine religiöse und spirituelle Orientierung des Opfers missbraucht und zerstört wurden und wenn das **Bild des übermächtigen, strafenden Gottes**, der alles sieht, Opfer in Verwirrung stürzte, einschüchterte und Verheimlichung und Angst erzeugte. Auch Besonderheiten aufseiten der Täter lassen sich wohl kaum leugnen. Möglicherweise fühlten und fühlen sich solche Menschen zu einer Arbeit in den Einrichtungen der konfessionellen Jugend- und Behindertenhilfe in besonderer Weise hingezogen, deren eigene religiöse Erziehung Sexualität als negativ und bedrohlich vermittelte und sich gegen Aufklärung stellte.

Die Evangelische Kirche Deutschlands unterzeichnete 2012 Vereinbarungen mit dem Unabhängigen Beauftragten der Bundesregierung für Fragen des sexuellen Kindesmissbrauchs. Handreichungen für den Umgang mit Verletzungen der sexuellen Selbstbestimmung wurden veröffentlicht (2010: Verband der Christlichen Pfadfinderinnen und Pfadfinder, 2012: EKD). Es wurde trägerübergreifend und speziell für einige evangelische Einrichtungen die Gewalt in der Erziehung historisch aufgearbeitet. Doch werden damit nicht unbedingt die besonderen Gefährdungen und die Chancen kirchlicher Räume in grundsätzlicher Weise reflektiert. Unter sexualethischer Perspektive ist die Verpflichtung zu unterstreichen, sich generell für die **Vorbeugung und Beendigung von sexualisierter Gewalt und die Minderung ihrer Folgen** einzusetzen. Gerade eine kritische Auseinandersetzung mit der eigenen Vergangenheit und möglichen eigenen Schwachstellen und eine sexualitätsfreundliche, mit ethischen Kriterien begründete Orientierung tragen dazu bei.

### 3.3.3 Sprachfähigkeit und Enttabuisierung zum Abbau sexualisierter Gewalt

Das Vorkommen sexualisierter Gewalt wird gefördert durch eine Tabuisierung von Sexualität und durch eine sexuelle Erziehung, bei der Bedürfnisse nicht offen ausgesprochen und nicht in einer vertrauten Beziehung ausgehandelt werden können. Eine sexuelle Beziehung, in der der Partner oder die Partnerin verachtet und nicht respektiert wird, fördert sexualisierte Gewalt. Lange Zeit glaubte man, dass das offene Sprechen über Sexualität sexualisierte Gewalt fördern würde, doch heute ist klar, dass das Gegenteil der Fall ist und eine Unterdrückung von Sexualität und die Verbindung von Sexualität und Angst nicht nur sexualisierte Gewalt wahrscheinlicher, sondern auch die Opfer wehrlos machen. Erst die **Tabuisierung des Sexuellen** führt z. B. dazu, dass ein von Tätern und Täterinnen ausgesprochenes Schweigegebot wirksam sein kann: Durch das Bekanntwerden des Geschehens würde das aufgestellte Tabu gebrochen werden und das Stigma auch auf das Opfer zurückfallen, das sich schämen muss. Darauf können sich der Täter oder die Täterin stützen, wenn er oder sie für den Fall einer Mitteilung mit negativen Folgen für das Opfer und für dem Opfer wichtige Personen droht.

Die Vorbeugung sexualisierter Gewalt setzt heute vor allem in der Kindheit an. Kinder werden aufgeklärt und Sexualität wird als etwas Positives und Wertzuschätzendes vermittelt. Sie lernen Grenzen zu setzen, wenn sie etwas nicht möchten und diese Grenzen auch zu wahren. Dazu erhalten sie Informationen und Erklärungen, wie sie falsches Verhalten oder Verhalten, das sie verwirrt, benennen können. Eltern sollen mit ihren Kindern eine gemeinsame Sprache mit positiven Begriffen für Körperteile und Gefühle finden. Das wird als Voraussetzung dafür angesehen, dass sie Gefahren richtig einschätzen, sich an eine Person ihres Vertrauens wenden und sich mitteilen können. Im Zentrum der Prävention steht aber vor allem die **Vermittlung von Stärken, Sprachfähigkeit und Sicherheit**. Die Erfahrung, dass man sich ohne Angst mitteilen kann, auch wenn man etwas Verbotenes getan hat, und dass zugehört und geglaubt wird, bestärkt Kinder und Jugendliche darin, Hilfe zu suchen, wenn es notwendig ist. Erwachsenen (Eltern und Fachkräften) werden Hilfen an die Hand gegeben, was sie tun können, wenn sie auf sexuelle Übergriffe aufmerksam werden.

Bestimmte Formen sexualisierter Gewalt sind heute stärker tabuisiert als andere. Insbesondere gibt es in vielen sozialen Gruppen (auch von Jugendlichen) eine ausgeprägte Herabwürdigung anderer sexueller Orientierungen als der »üblichen« Heterosexualität. Die Vorstellung, dass »richtige« Männer nicht Opfer von sexualisierter Gewalt werden können, ist verbreitet. Opfer von gleichgeschlechtlicher Gewalt und männliche Opfer sexualisierter Gewalt leiden daher noch stark unter der Tabuisierung und sind mit hohen Hürden konfrontiert, Hilfe zu finden. Sie sprechen dann nicht darüber und zeigen Gewalterfahrungen nicht an, weil sie eine **Stigmatisierung** fürchten. Ganz allgemein muss anerkannt werden, dass auch das Offenbaren und Anzeigen sexualisierter Gewalt viel Kraft kostet und seinerseits negative Folgen im sozialen Bereich haben kann. Die Entscheidung, ob eine sexualisierte Gewalttat auch gegen den Willen der Betroffenen angezeigt werden muss oder soll und was die Folgen einer solchen Offenlegung sein werden, kann konflikthaft sein.

### 3.3.4 Die Haltung denen gegenüber, die sexualisierte Gewalt ausgeübt haben

Eine schwierige Herausforderung ist der ethisch begründete Umgang mit denen, die sexualisierte Gewalt ausgeübt haben. Sie haben ihre Taten zu verantworten und die Schuld ist nicht zu leugnen. Sie sind – scharf gesagt – Gescheiterte. Gerade vor dem Hintergrund, dass evangelische Ethik weiß, dass über jedem Leben – allerdings in sehr unterschiedlich erlebtem Maße – Scheitern liegt, muss sie sich damit auseinandersetzen, den Tätern zuzugestehen, dass auch sie im Scheitern hoffen können. Die vorrangige Sorge muss immer den Opfern gelten. Auch **Opfer können verzeihen, sie dürfen aber nicht dazu gedrängt oder genötigt werden**.

Die Frage nach einer möglichen Vergebung und Versöhnung ist schwer zu beantworten und man muss verstehen, warum dies so ist. Ein Grund liegt darin, dass sich die beiden Positionen, für das Opfer und für eine Vergebung des Täters einzutreten, in einer Person nicht vereinbaren lassen. Die Vergebung der Taten kann schnell als ein In-Verantwortung-Nehmen oder als erneute Demütigung und Verhöhnung des Opfers oder als Bagatellisierung des Geschehenen verstanden werden. Voraussetzung für eine Vergebung muss zum einen immer die Schuldannahme aufseiten des Täters sein, zum andern der entsprechende Wunsch und die Zustimmung aufseiten des Opfers.

Eine zweite Schwierigkeit in der Auseinandersetzung mit Menschen, die sexualisierte Gewalt ausgeübt haben, liegt in der Unvorstellbarkeit, dass sie auch »normale« Menschen, z. B. nach außen hin unauffällige Familienväter oder sorgende Mütter sein können. Sie werden dämonisiert auch um des eigenen Selbstschutzes willen. Je größer der Kontrast zwischen ihnen und dem eigenen Lebensumfeld ist, desto eher kann man sich in diesem Lebensumfeld sicher und nicht bedroht fühlen. Hartnäckig hält sich z. B. die irrige Ansicht, dass sexualisierte Gewalt überwiegend von fremden Männern ausgeübt wird, die nachts leichtsinnige Frauen überfallen. Dies trifft nur auf einen sehr kleinen Bruchteil der Fälle sexualisierter Gewalt zu. In allen Bereichen und insbesondere bei sexualisierter Gewalt gegen Kinder überwiegen **gute Bekannte, Angehörige und Vertraute als Täter und Täterinnen**. Doch es ist verstörend, wenn einem Menschen, den man gut und lange kennt und den man für integer und friedfertig hält, ein Sexualdelikt vorgeworfen oder nachgewiesen wird – während man es einem Fremden eher zutraut. Mit einer Dämonisierung werden Täter aber ausgegrenzt, wo es doch darum ginge, sich dem Schrecken zu stellen, dass sich sexualisierte Gewalt auch in der Mitte der Gesellschaft einnisten und von »einem von uns« ausgeübt werden kann. Die Herausforderung liegt dann darin, sich mit der Destruktivität der Tat selbst zu konfrontieren und den Abscheu und das Bestrafungsbedürfnis derjenigen, die nicht direkt von der Gewalt betroffen waren, zu hinterfragen.

Eine **Auseinandersetzung mit den Tätern und deren Menschlichkeit** ist eine wichtige Aufgabe – ohne die Verantwortung für die Taten zu mindern und ohne das Opfer dadurch zurückzusetzen oder zu demütigen. Die gesellschaftliche Verantwortung für die Taten verlangt neben der unverzüglichen Beendigung der Gewaltsituation diese Auseinandersetzung und die Arbeit an der aktiven Übernahme von Verantwortung durch den Täter. Auch die evangelische Kirche stellt sich dieser Verantwortung. So begleiten z. B. diakonische Fachambulanzen für Gewalt- und Sexualstraftäter Täterinnen und Täter mit dem Ziel der Resozialisierung einerseits und dem präventiven Opferschutz andererseits.

### 3.3.5 Kriterien als Anhaltspunkte bei der Auseinandersetzung mit destruktiver Sexualität, deren Opfern und Tätern oder Täterinnen

Sexualisierte Gewalt fordert eine ethische Verantwortung: Sexualität muss ethisch gestaltet werden im Wissen darum, dass und wie sexualisierte Gewalt in allen Gesellschaften und zu allen Zeiten vorkommt. Gegen solches Vorkommen sexualisierter Gewalt ist Mut zu machen, Sexualität als eine schöne und intensive Erfahrung menschlichen Lebens, für die man dankbar sein kann und die dem Leben dient, zu vermitteln. Menschen, die Sexualität so positiv leben und erleben können, werden die Unterwerfung anderer Menschen und das Erzwingen von sexuellen Akten unter Ausnutzung von Abhängigkeiten nicht als sexuell erregend erleben. Für Opfer gilt es, Unterstützung zu geben, damit sie so gut wie nur möglich ihre Sexualität ohne Angst, schön und intensiv leben können.

**Menschlich bleiben**: Dieses Kriterium ist in der kritischen Auseinandersetzung mit den Bedingungen zu finden, die sexualisierte Gewalt ermöglichen und die sich damit als unmenschlich erweisen, auch in den Bedingungen im eigenen Umfeld oder in kirchlichen Handlungs- und Begegnungsfeldern. Das umfasst auch den Mut, das Thema nicht weit von sich zu weisen, um sich selbst vor der Erkenntnis zu schützen, dass sexualisierte Gewalt alle betreffen kann. Das Kriterium ist beachtet, wenn Menschen sexualisierter Gewalt entgegentreten, wenn sie sexualisierter Gewalt vorbeugen, wenn sie eingreifen, um sexualisierte Gewalt zu beenden und wenn sie in eine Beziehung mit Opfern sexualisierter Gewalt treten und diese unterstützen. Wenn sexualisierte Gewalt überwiegend in Beziehungen geschieht, dann können nur in positiven Beziehungen die Verletzungen durch die Gewalt heilen und ein möglichst gutes Leben mit den Narben ermöglicht werden.

**Lernen dürfen und Hoffen auch im Scheitern**: Sexualisierte Gewalt ist für die Opfer in jedem Fall etwas Fürchterliches. Bei allem Schrecken können Menschen aus solchen Gewaltvorkommnissen lernen, dass auch unsere Gesellschaft Gewalt hervorbringt und *alle* aufgerufen sind, im Wissen um ihre Verantwortung damit umzugehen. Die Aufhebung des Tabus, über sexualisierte Gewalt zu sprechen, ist ein erster notwendiger Schritt, dem weitere folgen müssen. Aber die Konfrontation mit der Gefahr sollte gerade nicht zur Dämonisierung von Sexualität führen, sondern zur Wertschätzung von Offenheit und Lebenslust. Auch die Täter und Täterinnen sollen lernen dürfen und die Chance einer Veränderung erhalten. Die vorrangige Sorge gilt aber den Opfern.

# 4. Kirchliche Handlungsmöglichkeiten

## 4.1 Sexualität: (k)ein Gemeindethema

Sexualität als eine Grunddimension des Daseins, die freudig gelebt, zugleich nicht verabsolutiert und dennoch in ihren schönen wie fragwürdigen Seiten gewürdigt werden soll, ist auch eine Herausforderung für das kirchliche Leben. Eine solche Ausbalancierung im Umgang mit den Ambivalenzen von Sexualität erfolgt dabei von der geglaubten und erlebten Treue Gottes her. Diese steht im Zentrum des Glaubenslebens, weshalb Sexualität in den Kontexten von Kirche und Gemeinde nicht das alles bestimmende Thema darstellt. Umgekehrt gilt aber auch: Insofern die Gottesbeziehung als die menschlichen Beziehungen tragend und orientierend geglaubt wird, kann Sexualität als Erlebens- und Gestaltungsdimension des Lebens nicht stets schamhaft ausgeklammert werden oder nur als Beispiel des Sündhaften unter negativen Vorzeichen auftauchen. Dazu kommt: Manchmal explizit, oft unterschwellig erweisen sich Fragen rund um Sexualität als die gegenwärtig schwersten Konfliktherde im Protestantismus und in den christlichen Konfessionen überhaupt. Deshalb haben die Kirche und Gemeinden zu bedenken, wie sie sich in ihren Praxisfeldern den Herausforderungen menschlicher Sexualität stellen.

Anhand der dargestellten Unterscheidung von lebensdienlichen, fragwürdigen und destruktiven Formen der Sexualität lassen sich verschiedene Möglichkeiten kirchlicher Handlungsfelder skizzieren, in denen das Thema Sexualität zum Tragen kommt. Dabei gilt: Die **Dringlichkeit kirchlichen Engagements steigt zum einen mit der potenziellen Gefährdung und dem entsprechend**

**notwendigen Schutz** von Menschen. Dort, wo die Kriterien der Freiwilligkeit, Respekt vor der Andersheit, der Schutz der Beteiligten, die Chancengleichheit und die Bereitschaft zur Treue und zum Neuanfang verletzt werden, muss die evangelische Kirche sich für die Benachteiligten und Gefährdeten einsetzen. Sie ist besonders gerufen, in Fällen von Gewalt und Missbrauch individuell den davon bedrohten Menschen beizustehen, aber auch im weiteren Sinn Unterstützung für Opfer und Täter durch diakonische Beratungsinstitutionen anzubieten. Zum anderen müssen die Gemeinden oder ihre Leitungen sich dort mit sexualethischen Fragen befassen, wo sie zu viel Aufmerksamkeit absorbieren und den Gemeindealltag nachhaltig zu stören beginnen. So können auch fragwürdige Formen von Sexualität bisweilen den Gemeindealltag herausfordern, wenn etwa auf der Jugendfreizeit pornographische Filme ausgetauscht werden oder ein Bordell im Bezirk eröffnet. Die evangelischen Gemeinden können in diesen Situationen einen guten Beitrag leisten, wenn sie sich zunächst statt pauschaler, aufgeregter Verurteilungen ein reflektiertes Urteil bilden und daran ihre Reaktionen ausrichten.

Um die evangelische Wahrnehmung von Sexualität aber nicht verzerrend auf den Bereich des Konfliktreichen und Sündhaften zu reduzieren, darf und soll sie auch in ihrer Lebensdienlichkeit als schöne Bereicherung und besondere Ausdrucksform des Menschseins Thema werden, sei es in der Seelsorge, in den religionspädagogischen Bereichen oder in Gottesdienst und Predigt. Besonderes Augenmerk gilt es aktuell und in der kommenden Zeit wohl auf die sexuellen Identitäten zu richten, die in der gegenwärtigen evangelischen Landschaft Anlass für bisweilen heftig ausgetragene Diskussionen bieten. In den meisten Fällen geht es dabei in der evangelischen Kirche um die Beurteilung und gemeindepraktische **Bedeutung von sexueller Orientierung**.

Diskutiert wird, wie Menschen mit anderer als der heterosexuellen Orientierung in der Gemeinde zu behandeln sind: Dürfen sie alle Ämter übernehmen, mit Jugendlichen auf die Freizeit fahren, mit ihren Partnerinnen oder Partnern ins Pfarrhaus einziehen? Welche Kasualien bietet die Kirche für nicht heterosexuelle Paare an? Wer bekommt den Familiensegen bei der Taufe? Hinter diesen oft hitzig geführten Debatten verbergen sich viele Unsicherheiten, so manche Vorurteile und unhinterfragt übernommene theologische Bilder, die schon durch die nüchterne Wahrnehmung der Erkenntnisse aus den Sexualwissenschaften oder des Rechts, wie zuvor geschehen, deutlich beruhigt und in neue Bahnen gelenkt werden können. Gerade diese neuen oder zumindest von der evangelischen Theologie deutlicher wahrgenommenen Erkenntnisse haben in der Konsequenz zu neuen sexualethischen Perspektivierungen geführt, die nun die Gemeindepraxis nicht unberührt lassen dürfen. In vielen Bereichen der evangelischen Kirche lässt sich auch bereits eine **größere Reflexionsbereitschaft und Sensibilität** für sexualethische Themen verzeichnen, die sich mal in Öffnung und Entspannung – etwa im Umgang mit Menschen anderer sexueller Orientierung –, mal in scharfer Kritik und notwendigem Engagement – besonders mit Blick auf die Missbrauchsfälle – äußert.

Die Auseinandersetzung mit Sexualität, mit **körperlichen Erfahrungen und Sinnlichkeit** gilt es in den Gemeinden auch aus anderem Grund zu führen: Parallel und im Unterschied zur vielfach wahrnehmbaren sexuellen Enthemmung in den Medien und in der Werbung wird mit Körperlichkeit im menschlichen Miteinander immer vorsichtiger umgegangen. Dahinter stehen die einerseits sinnvollen und berechtigten Anliegen, über körperliche Nähe und Distanz (gerade in Macht- oder Abhängigkeitsbeziehungen zwischen Erwachsenen und Kindern,

Lehrern und Schülern, Vorgesetzten und Mitarbeitenden etc.) selbst mehr bestimmen zu können, manchmal auch aus dem Wissen um Hygiene und nicht zuletzt als Folge der entsetzlichen Missbrauchsskandale. Berührungen wird mit Skepsis und Unsicherheit begegnet, die Schamgrenzen haben sich verschoben. Körperliche Nähe (wie eine Begrüßungsumarmung) steht in der Gefahr, als übergriffig empfunden zu werden. Dies stellt für die kirchliche Arbeit eine Herausforderung, vielleicht aber auch eine Chance für den innergemeindlichen Austausch und eine Klärung darüber dar. Denn es gehört zu den Stärken seelsorglichen, diakonischen und liturgischen Handelns, auch auf die Kraft körperlicher Berührungen zu setzen, etwa bei Segnungen, Krankensalbungen, vielleicht schon beim Händeschütteln oder Umarmungen zum Friedensgruß. Im engen Sinn lassen sich diese Situationen nicht als sexuelle Handlungen beschreiben. Nimmt man, wie in den theologischen Kapiteln beschrieben, ernst, dass gerade die biblischen Traditionen Leiblichkeit umfassend begreifen, und beachtet man die sexualwissenschaftlichen Einsichten, dass es fließende Übergänge zwischen den körperlichen Erfahrungen gibt, dann sind diese kirchlichen Handlungsfelder in den Blick zu nehmen. Auch hier lässt sich die entwickelte Kriteriologie hinzuziehen: Es gilt, in der Gemeinde verantwortlich ein vertrauensvolles und verbindliches Miteinander zu schaffen, damit solche leiblichen, sinnlichen Berührungen dem Menschen dienen und ihn nicht verletzen.

## 4.2 Gottesdienst und Predigt

Für eine Kirche, die sich vom Wort Gottes her versteht, ist die Verkündigung als gemeindliche Aufgabe zentral. Wenn Sexualität in Gottesdienst und Predigt thematisiert wird, muss dies nicht stets in Form einer »Problematisierung« geschehen. In der Praxis der kirchlichen Verkündigung können die evangelischen Gemeinden darum verstärkt die **leib- und sexualfreundlichen biblischen Texte** ins Spiel bringen. So manche evangelische Gemeinde hat z. B. in jüngerer Zeit den Valentinstag entdeckt: In besonderen Gottesdiensten können Paare ihre Liebe, die eben auch eine körperliche Seite hat, feiern; sie können dafür danken und dafür bitten. Nicht selten versuchen die Gemeinden mit anschließendem Candle-Light-Dinner, mit Liebesfilm-Kino oder Tangoabenden der Sinnlichkeit des Miteinanders auch noch auf andere Weise Raum zu geben. Keineswegs muss sich eine körpersensible, sexualitätsfreundliche Verkündigung aber auf solche Anlässe, auf Valentinstage, Trau- oder Segnungsgottesdienste beschränken. Auch der Sonntagsgottesdienst bietet sich bisweilen als Ort an, so sensibel wie unverkrampft Fragen der Sexualität aufzugreifen und ethische Orientierung zu geben. Einige Beispiele seien genannt:

Die Geschichte von der **Erschaffung des Menschen** als Mann und Frau in beiden biblischen Schöpfungsberichten zeigt: Gerade in ihrer geschlechtlichen Identität und Unterschiedenheit sind Mann und Frau als Ebenbild Gottes gedacht (1. Mose 1,27) und aufeinander bezogen. Sie sind gleichwertig. Ihr gegenseitiges sexuelles Begehren wird eigens hervorgehoben (»Sie werden sein ein Fleisch«, 1. Mose 2,24). Das Entzücken Adams, als Gott ihm eine Frau gibt, lässt die Bedeutung der Sexualität für ihr Zusammenleben ahnen (»Das ist doch … Fleisch von meinem Fleisch«, 1. Mose 2,23a).

Die Lyrik des **Hoheliedes** vermag in ihrer Feier von Sinnlichkeit, Erotik und Begehren den Lustaspekt der Sexualität zu würdigen und ihn mit starken Worten und Bildern überaus positiv auszudrücken. In den Worten dieses biblischen Buches finden viele Menschen ihr eigenes Erleben widergespiegelt.

Die Erzählungen, in denen **Jesus als sinnlicher Mensch** gezeichnet wird, dem Körperlichkeit nicht fremd ist, können in der Verkündigungspraxis mehr Aufmerksamkeit als bisher erfahren: Jesus berührt (Mt 8,3 u. ö.) und küsst Menschen (Mk 9,36 und 10,13-16), er benetzt sie mit seinem Speichel (Mk 8,23), er wäscht ihnen die Füße (Joh 13,1-17), er lässt sich Wohltaten gefallen (Salbungen durch Frauen, Lk 7,36-38 und Mk 14,3-9) und kann ohne schlechtes Gewissen genießen (Mt 11,19).

Und was der Apostel **Paulus** von der Liebe als entscheidendem und bestimmendem Grundton menschlichen Lebens sagt (1. Kor 13), lässt sich auch heute unmittelbar auf unseren Umgang mit unserer Sexualität beziehen.

Solche Texte und die darin angesprochenen Themen im Umfeld der Sexualität bieten sich auch für entsprechende Erörterungen in Gruppen und Kreisen der Kirchengemeinde an. Wichtig erscheint auch hierbei, die Verschiedenheit der Gemeindeglieder in ihren Lebensphasen und -kontexten im Blick zu behalten und nicht vorschnell intuitiv die Zielgruppe nur in (Ehe-)Paaren zu sehen. Denn auch bspw. Jugendliche und Singles, Menschen mit Behinderung und Verwitwete leben und gestalten ihre Sexualität, mal mehr, mal weniger. Es verlangt Fingerspitzengefühl und eine sehr reflektierte Vorbereitung, um diese Themen, die oftmals schambesetzt sind und im Raum der Kirche so ungewohnt klingen, sensibel einzubringen, sodass niemand überfordert oder in seinem Schamgefühl verletzt wird, vor allem auch anwesende Kinder nicht. Predigten, die sich an solche

Texte und Themen wagen, können aber herkömmliche **Vorstellungen aufbrechen, das christliche Leben müsste idealerweise ein rein geistiges sein**. Stattdessen beschreiben sie, wie sexuelles Leben, körperliches Erleben und erotische Momente zum Menschsein vor Gott dazugehören. Sie dürfen genossen werden, können es bereichern und werden doch stets mit notwendigen Grenzen konfrontiert. In der Verkündigung der evangelischen Kirche muss entsprechend auch die Störanfälligkeit dieser leiblichen Lebensdimension im Zusammenleben bedacht werden. Der Bereich der Sexualität ist von der Ambivalenz menschlichen Lebens nicht ausgenommen. Scheitern, Schuldig-Werden und Leiden daran sind Grunderfahrungen im menschlichen Miteinander. Sie machen auch vor Sexualität und Liebe nicht halt. Ein Ziel der Verkündigung besteht folglich darin, die unterschiedlichen Erfahrungen in diesem Bereich des Lebens zur Sprache zu bringen und deutlich zu machen: Im Sinne von Zuspruch und Anspruch darf und soll aus evangelischer Sicht die eigene Sexualität im Leben bejaht werden; gerade die Lebensbejahung verlangt aber auch einen verantwortlichen Umgang mit sich und dem anderen.

## 4.3 Kinder- und Jugendarbeit

Die evangelische Kinder- und Jugendarbeit kann bei der Ausbildung von sexueller Identität unterstützen. Die meistens große Kontinuität und Stabilität sowie der Freiwilligkeitscharakter der kirchlichen Gruppen und Kreise kann einen für die sexualpädagogische Arbeit hilfreichen, vertrauensvollen Raum zur Verfügung stellen. In vielfältiger Weise kann dort mit Kindern und Jugendlichen altersgemäß eingeübt werden, die eigenen Bedürfnisse wahrzunehmen, zu artikulieren und dabei auch ihre Grenzen zu markieren. In vielen Fällen wird »Sexualität« dabei gar nicht das explizite Gruppenthema sein, sondern das Einfinden in die eigene Sexualität und das Einüben des Umgangs damit geschehen **beiläufig**, z. B. im pubertierenden Miteinander der Konfirmandenarbeit oder bei Rollenspielen in der Kita. Zugleich kann Kirche auch der Raum für **ausdrückliche sexualethische Bildung** sein: Gemeinden behandeln etwa auf Elternabenden die Rolle von Sexualität in den neuen Medien und sinnvolle erzieherische Reaktionen darauf. Auch übergemeindliche Stellen wie die evangelischen Jugendwerke und Kitaverbände, die Arbeitsstellen »Kirche mit Kindern« und auch die unterschiedlichen psychologischen Beratungsstellen bieten darum, besonders für kirchliche Mitarbeitende, Seminare und Fortbildungen zu sexualitätsbezogenen Themen an. Ein gelungenes Beispiel für die sexualpädagogische Arbeit mit Kindern und Jugendlichen gibt z. B. die innerhalb der Evangelischen Kirche im Rheinland produzierte Arbeitshilfe »Sexualität stärken – begleiten – informieren«, in der sich neben grundsätzlichen sexualethischen Überlegungen viele kreative Ideen für Workshops oder Spiele zur sexuellen Identitätsbildung finden. Die Missbrauchsfälle, von denen auch die evangelische Kirche betroffen und erschüttert wurde, haben dazu geführt, dass die Zahl an Fortbildungen zur **Prävention sexualisierter Grenzverletzungen** und auch an Arbeitshilfen zum Umgang damit deutlich gestiegen ist. Mit ihrer 2014 veröffentlichten Arbeitshilfe »Unsagbares sagbar machen« gibt bspw. die EKD den evangelischen Gemeinden Anregungen, wie Missbrauchserfahrungen bewältigt werden können. Die Maßnahmen setzen bei der konkreten Intervention in der Krise ein und unterstützen bei der Analyse des Geschehens. Aus evangelischer Sicht ist es schließlich wichtig, nach dieser Aufarbeitung Perspektiven für die Zukunft zu entwickeln. Das Geschehen darf nicht abgehakt, sondern muss in die Gemeindegeschichte integriert werden, indem die Gemeinde Prävention betreibt und Wege für einen vorsichtigen Neubeginn mit allen Betroffenen bahnt.

## 4.4 Seelsorge und Beratung

Die seelsorglichen und beratenden Angebote der evangelischen Kirche eröffnen Menschen auch dann eine Anlaufstelle, wenn sie sich Hilfe in individuellen oder partnerschaftlichen Fragen zur Sexualität wünschen. In der Seelsorge geht es dabei vor allem um die Begleitung der Menschen im Sinne eines christlich geschwisterlichen Mittragens von Belastungen und Herausforderungen. Dass dazu auch Fragen der Sexualität gehören können, wurde lange ignoriert, war doch die Sorge um die Seele nach kirchlichem Verständnis entkoppelt, wenn nicht gar als Gegensatz zur Sorge um den Körper betrachtet worden. In der Seelsorge hat sich mittlerweile die Einsicht durchgesetzt, dass der Mensch in seiner Leiblichkeit umfassender in den Blick zu nehmen ist und folglich auch sexuelle Themen zur Sprache kommen können. Dies verlangt nach einer erhöhten seelsorglichen Aufmerksamkeit und nicht zuletzt auch sachlich geschulten Kompetenz, mit den Fragen sensibel und hilfreich umzugehen. **Erfahrungen von Unzulänglichkeit und Schuld** können im geschützten Raum der Seelsorge zur Sprache kommen. Aus evangelischer Perspektive dürfen sich Menschen aber auch mit Blick auf ihr sexuelles Erleben und Gestalten gewiss sein, dass Vergebung und ein neuer Anfang immer möglich sind. Diese Erfahrung sollte bspw. auch bei der Vorbereitung eines Traugottesdienstes mit Menschen zur Sprache kommen, die schon eine Ehescheidung oder eine Trennung hinter sich haben. Das Gespräch mit ihnen darf der

Erinnerung an vergangene Schuld einen Ort geben. Ebenso kann auch der Traugottesdienst selber in der Predigt oder in der Auswahl der Gebete diesen Aspekt behutsam aufnehmen, um daran anschließend die Zusage Gottes für den Beginn eines neuen, gemeinsamen Weges zu betonen.

Neben der seelsorglichen Begleitung bieten Kirche und Diakonie auch unterschiedliche Dienste an Beratung und Therapie zu sexualitätsbezogenen Problemen an. Diese reichen von Beratungen für Einzelne oder Paare über die Betreuung von Missbrauchsopfern bis hin zu Therapien in den bereits erwähnten Straftäterambulanzen (vgl. Kap. 3.3.4). Denn wenngleich die Kirche jenen, die Gewalt erfahren haben, vorrangig Schutz und Hilfe gewähren soll, gehört es ebenfalls zum christlichen Selbstverständnis und Menschenbild, auch die Täter nicht in ihrer Schuld alleinzulassen, sondern ihnen Wege in die Zukunft zu eröffnen. Neben den verschiedenen landeskirchlichen Beratungsstellen unterhalten EKD und Diakonie das **Evangelische Zentralinstitut für Familienberatung**, dessen inhaltliches Profil von der ursprünglich klassischen Ehe- und Familienberatung schon seit den 1970er Jahren zunehmend um den Bereich der sexualitätsbezogenen Beratung und Fortbildung erweitert wurde.

Sowohl im sexuellen Bildungs- wie auch im Beratungsbereich sollten Tendenzen zur Verengung des Angebots auf bestimmte **Lebensphasen** vermieden werden. Sowohl die frühe Kindheit als auch das hohe Alter sind lange als sexuelle Erlebens- und Gestaltungsphasen ignoriert worden. Die vorausgehenden Kapitel haben dagegen deutlich gemacht, dass die Auseinandersetzung mit Sexualität mit unterschiedlichen Schwerpunkten und auf unterschiedliche Weise das ganze Leben umspannt. Zu begrüßen und zu unterstützen ist daher, dass die evangelische Kirche in jüngerer Zeit verstärkt sexualpädagogische Angebote im Sinne eines Lifelong Learning für Menschen unterschiedlichen Alters macht und auch den Bedarf an seelsorglicher oder beratender Begleitung bis ins Alter hinein sieht.

## 4.5 Kirche und sexuelle Orientierung

Mit Blick auf die Beurteilung sexueller Orientierungen und deren theologischer sowie gemeindepraktischer Bedeutung lassen sich in der jüngeren Vergangenheit deutliche Tendenzen zu einer **Liberalisierung** und zur Anerkennung einer selbstbestimmten Sexualität in den evangelischen Landeskirchen verzeichnen. Diesen Öffnungen sind wichtige Debatten vorausgegangen: So war 2010 die Diskussion entbrannt, ob gleichgeschlechtlich lebende Pfarrerinnen und Pfarrer mit ihren Partnerinnen und Partnern gemeinsam im Pfarrhaus leben dürfen, wie es das veränderte Pfarrdienstgesetz plötzlich offiziell ermöglichte. 2013 hat die vom Rat der EKD veröffentlichte Familien-Orientierungshilfe »Zwischen Autonomie und Angewiesenheit. Familie als verlässliche Gemeinschaft stärken« eine breite innerkirchliche, aber auch öffentliche Debatte angestoßen, inwieweit sich die evangelische Kirche – und mit ihr die Gesellschaft insgesamt – anderen Lebensformen als der Ehe gegenüber öffnen darf. Mit dem von der Orientierungshilfe erarbeiteten kriterialen Zugang hat die EKD deutlich gemacht, dass auch Menschen in anderen **Lebensformen in ihrem familialen Zusammenleben gewürdigt und unterstützt** werden sollen. Insbesondere die Tatsache, dass damit auch homosexuelle Menschen in ihrem Bemühen um ein liebevolles, fürsorgendes Miteinander eine neue Form der Anerkennung in der

Kirche erfahren, ist in konservativen Kreisen auf heftigen Widerstand gestoßen. In der Konsequenz der wissenschaftlichen Erkenntnisse und der ethischen Überlegungen zur sexuellen Orientierung haben viele evangelische Landeskirchen dennoch mittlerweile begonnen, auch die **Kasualpraxis** für gleichgeschlechtliche Paare zu verändern. Nach einer Phase, in der Segnungen gleichgeschlechtlicher Paare eher verschämt im kirchlichen Hinterkämmerlein erfolgen mussten und nur stillschweigend geduldet wurden, sind immer mehr evangelische Kirchen in die Offensive gegangen: Sie geben gleichgeschlechtlichen Paaren ganz offiziell die Möglichkeit, ihre Beziehung unter den Segen Gottes stellen zu lassen. Sie haben liturgische Vorschläge für die Segensfeier entwickelt und sie dem Traugottesdienst für heterosexuelle Paare vergleichbar an die Seite gestellt. Was damit anerkannt wird, sind – mit einer Nuancierung der vorher entfalteten Kriteriologie – die Bedeutung und das Recht von Andersheit und von Chancengleichheit in der Sexualität. Vermeintliche heterosexuelle »Normalbiographien« dürfen, wie immer mehr evangelische Christinnen und Christen finden, auch in der evangelischen Kirche nicht zum Maßstab für das Angebot der geglaubten Zusage und des Segens Gottes gemacht werden. Auch im Wissen darum, dass emotionale und historisch gewachsene Widerstände in den Gemeinden oft lange brauchen, um abgebaut zu werden, entscheiden sich evangelische Kirchen zunehmend dafür, offensiv die wissenschaftlich und theologisch nicht haltbare **Ausgrenzung von Menschen anderer sexueller Orientierung abzubauen**. Die immer größere Selbstverständlichkeit, mit der sich z. B. die Initiative »Homosexuelle und Kirche« Gehör verschafft oder mit der bspw. auf Deutschen Evangelischen Kirchentagen Themen wie Inter- und Transsexualität aufgegriffen werden, dokumentieren in anderer Hinsicht diese Trendwende in der evangelischen

Landschaft. Der meist sehr lautstarke Protest von konservativer oder evangelikaler Seite lässt diese Trendwende öffentlich nicht immer so deutlich wie möglich werden – aufhalten kann sie sie freilich nicht. Denn diese Neuperspektivierung reiht sich ein in die vielfältigen kirchlichen Bestrebungen zur Inklusion von Menschen in ihrer Verschiedenheit. Immer brauchte es Zeit, bis etwa Frauen die gleichen Rechte in der Gemeinde erhielten wie Männer, bis z. B. gottesdienstliche Barrieren für Menschen mit Behinderung abgebaut oder Kinder als Gemeindeglieder ernst genommen wurden. Zweifellos folgt auch dieses evangelische Bemühen, Menschen mit anderer sexueller Orientierung freundlich in der Gemeinde willkommen zu heißen, dem gesellschaftlichen Zeitgeist. So mancher Kritiker wirft der evangelischen Kirche vor, sich damit billig der Gesellschaft anzubiedern, was kurzschlüssig ist. Denn sofern hoffentlich auch im Zeitgeist der Heilige Geist wehen kann, lässt sich diese Veränderung auch als Zeichen einer **ethisch verantworteten Neubewertung** verstehen. Das gilt jedenfalls dann, wenn mit einer andere nicht schädigenden sexuellen Orientierung eine Dimension der Menschenwürde geschützt wird. Wo dies geschieht, ist die Gesellschaft, und mit ihr Politik und Recht, der Kirche einfach einen moralisch gebotenen, klugen und lebensdienlichen Schritt voraus gewesen – und die Kirche darf von diesem Zeitgeist um ihrer eigenen Botschaft willen lernen.

## 4.6 Öffentliche Kirche

Wenn sich die evangelische Kirche der Frage nach der Sexualität als einer conditio humana stellt, dient sie der Förderung einer lebensdienlichen Sexualethik, die nicht bloß auf die Mitglieder der eigenen Kirche oder den innerkirchlichen Bereich beschränkt ist. Vielmehr geht sie davon aus, dass ein sich am Zuspruch und Anspruch des Evangeliums orientierender Umgang mit Sexualität sich auf das gesellschaftliche Klima förderlich auswirkt. Hatten die vorausgehenden Ausführungen die Ambivalenz menschlicher Sexualität, ihre lebensdienlichen wie -bedrohenden und bisweilen leider auch zerstörerischen Seiten beleuchtet, so muss die Botschaft der Kirche in die Öffentlichkeit hinein lauten: **Sexualität ist grundsätzlich etwas Wunderbares und sie ist etwas sehr Kostbares.** Angesichts der erschütternden Fälle sexualisierter Gewalt in Einrichtungen der Kirche, aber auch in Schulen und im Sport, braucht es gemeinsame Anstrengungen von Kirche und Gesellschaft, um **Schutzbereiche** für Betroffene sowie im weiteren Sinn sichere **Räume für Diskurse** über Sexualität einzurichten, um so Anzeichen von Verrohung zu wehren. Es ist mithin auch ein öffentliches Zeichen und ein politisches Signal, wenn die evangelische Kirche in der Reaktion auf die Missbrauchsfälle ihre sexualpädagogischen Angebote und die sexualtherapeutische Beratung deutlich intensiviert hat.

Einen öffentlichen Beitrag leistet die evangelische Kirche auch mit ihren **Publikationen**, durch die sie informieren, die Debatten versachlichen und im evangelischen Geist orientieren will. Es gehört zum evangelischen Selbstverständnis, die Arbeitshilfen nicht nur durch Theologen oder geistliche Leitungen erarbeiten zu lassen, sondern die Expertise von Wissenschaftlerinnen und Wissenschaftlern anderer Disziplinen einzubeziehen und dabei das Material in verständlicher Sprache und Darstellungsweise bereitzustellen. Dass all dieses Material einer verstetigten Revision unterliegen muss, um nicht in Form und Inhalt bald veraltet zu sein, versteht sich von selbst. Neben den mittlerweile vielfältigen Publikationen zur Prävention und zur Reaktion auf sexuelle Übergriffe und Missbrauch könnten orientierende und beratende Veröffentlichungen auch dazu beitragen, für die Debatten um den kirchlichen Umgang mit homosexuellen oder sexuell anders orientierten Menschen die theologisch-ethischen Argumente anschaulich zu erläutern. Es gilt, die evangelischen Gemeinden auf dem Weg einer kriteriengeleiteten und für Lebensformen sensiblen Beurteilung von Sexualität mitzunehmen und ihnen Argumente an die Hand zu geben. Auf diese Weise kann den mehr oder weniger begründeten Ängsten begegnet und eine innergemeindliche Klärung angestoßen werden.

## 4.7 Sexualität – spannungsvolles Lebensthema und Kirchenthema

Sexualität ist ein Lebensthema: inhaltlich wie biographisch. So unterschiedlich sich menschliches Leben ausprägt, so vielfältig wird Sexualität erlebt. Auch ein Umgang mit Sexualität, der sich am Zuspruch und Anspruch des Evangeliums zu orientieren sucht, wird zu keiner Gleichförmigkeit führen. Es wird in Theologie und Kirche weiterhin sehr unterschiedliche Einstellungen zu bestimmten Formen der Lebensbeziehung und zu manchen Spielarten der Sexualität geben. Manche Kirche, wie etwa die anglikanische Gemeinschaft, droht unter den Spannungen zwischen liberalen und konservativen Positionen auseinanderzubrechen. Auch die evangelische Kirche sieht sich innerkirchlich wie im ökumenischen Dialog, etwa mit der römisch-katholischen Kirche oder der Orthodoxie, Meinungsverschiedenheiten gegenüber. Diese Konflikte müssen nicht zu Brüchen führen. Dazu ist es notwendig, die Beurteilung und den **Umgang mit Sexualität nicht zu einer Frage des Heils zu überhöhen**.

Vorhandene Spannungen lassen sich dann kirchlich aushalten, wenn vergegenwärtigt wird, worin jede verantwortlich gelebte Sexualität letztlich gründet: in der **Liebe Gottes zum Menschen**, zu der auch das Geschenk der Sexualität gehört. Diese Liebe wird zum Maßstab für den Umgang mit Unverschämtem, für das Genießen des Schönen. An dieser Liebe dürfen sich das Menschsein und damit auch das sexuelle Erleben und Gestalten auf- und ausrichten.

# 5. Literatur

*Sexualwissenschaft*

**Aigner, Josef Christian:** Vorsicht Sexualität! Sexualität in Psychotherapie, Beratung und Pädagogik. Stuttgart 2013.

**Estupinya, Pere:** Sex. Die ganze Wahrheit. München 2014.

*Sexualpädagogik*

**Sielert, Uwe:** Einführung in die Sexualpädagogik. Weinheim/Basel 2015.

**Schmidt, Renate-Berenike/Sielert, Uwe (Hg.):** Handbuch Sexualpädagogik und sexuelle Bildung. Weinheim/Basel 2013.

**Schmidt, Renate-Berenike/Sielert, Uwe:** Sexualpädagogik in beruflichen Handlungsfeldern. Köln 2012.

*Gender*

**Bührmann, Angelika D./Dietzinger, Angelika/Metz-Göckel, Sigrid:** Arbeit – Sozialisation – Sexualität. Zentrale Felder der Frauen- und Geschlechterforschung. Wiesbaden, 2. überarbeitete und erweiterte Auflage 2007.

**Connell, Raewyn:** Gender. hrsg. v. Ilse Lenz und Michael Meuser. Wiesbaden 2009.

**Becker, Ruth/Kortendiek, Beate (Hg.):** Handbuch Frauen- und Geschlechterforschung. Theorie, Methoden, Empirie. Wiesbaden 2009.

*Sexueller Missbrauch*

**Fegert, Jörg W./Wolff, Mechthild (Hg.):** Kompendium »Sexueller Missbrauch in Institutionen«. Entstehungsbedingungen, Prävention und Intervention. Weinheim/München 2015.

**Bundeszentrale für gesundheitliche Aufklärung:** Trau dich! Bundesweite Initiative zur Prävention des sexuellen Kindesmissbrauchs. Köln 2014.

*Rechtliches*

**Brüggemann, Johannes A. J.:** Entwicklung und Wandel des Sexualstrafrechts in der Geschichte unseres StGB: Die Reform des Sexualstrafrechts einst und jetzt. Baden-Baden 2013.

**Bundesministerium für Familie, Senioren, Frauen und Jugend:** Bericht der Bundesregierung zu den Auswirkungen des Gesetzes zur Regelung der Rechtsverhältnisse der Prostituierten (Prostitutionsgesetz - ProstG). Berlin 2007.

**Kavemann, Barbara/Rabe, Heike (Hg.):** Das Prostitutionsgesetz. Opladen 2009.

**Laubenthal, Klaus:** Sexualstraftaten. Die Delikte gegen die sexuelle Selbstbestimmung. Heidelberg 2000.

*Theologisch-ethisches*

**Herderkorrespondenz (Hg.):** Leibfeindliches Christentum? Auf der Suche nach einer neuen Sexualmoral. Freiburg/Breisgau 2014.

**Hilpert, Konrad (Hg.):** Zukunftshorizonte katholischer Sexualethik. Freiburg/Breisgau 2011.

**Karle, Isolde:** Liebe in der Moderne. Körperlichkeit, Sexualität und Ehe. Gütersloh 2014.

**Lintner, Martin:** Den Eros entgiften. Plädoyer für eine tragfähige Sexualmoral und Beziehungsethik. Wien 2011.

**Surall, Frank:** Ethik der Lebensformen, in: Huber, Wolfgang/ Meireis, Torsten/Reuter, Hans-Richard (Hg.): Handbuch der Evangelischen Ethik. München 2015, 451-516.

# Die Autorinnen und Autoren

**Peter Dabrock,** geb. 1964, Dr. theol., M.A., ist Professor für Systematische Theologie (Ethik) am Fachbereich Evangelische Theologie der Friedrich-Alexander-Universität Erlangen-Nürnberg. Er ist stellvertretender Vorsitzender des Deutschen Ethikrates, Mitglied der Kammer für Öffentliche Verantwortung der EKD.

**Renate Augstein,** geb. 1950, Juristin, war bis Februar 2015 Leiterin der Abteilung Gleichstellung im Bundesministerium für Familie, Senioren, Frauen und Jugend in Berlin. Seit März 2015 ist sie im Ruhestand und lebt in England (Cornwall).

**Cornelia Helfferich,** geb. 1951, Dr. phil. habil., ist Professorin für Soziologie an der Evangelischen Hochschule Freiburg und Leiterin des Sozialwissenschaftlichen FrauenForschungsInstitut SoFFI F. im Forschungs- und Innovationsverbund FIVE der Hochschule.

**Stefanie Schardien,** geb. 1976, Dr. theol., ist Pfarrerin der Evangelisch-Lutherischen Kirche in Bayern, war bis 2013 Juniorprofessorin für Systematische Theologie an der Universität Hildesheim und ist Mitglied im Vorstand der Gesellschaft für Evangelische Theologie.

**Uwe Sielert,** geb. 1949, Dr. päd. habil., ist Professor für Pädagogik an der Universität Kiel. Er ist Vorstandsmitglied der Gesellschaft für Sexualpädagogik (GSP) sowie Mitglied im erweiterten Vorstand der Deutschen STI-Gesellschaft und im wissenschaftlichen Beirat des Instituts für Sexualpädagogik Dortmund.